प्रे
अमर कहानियां

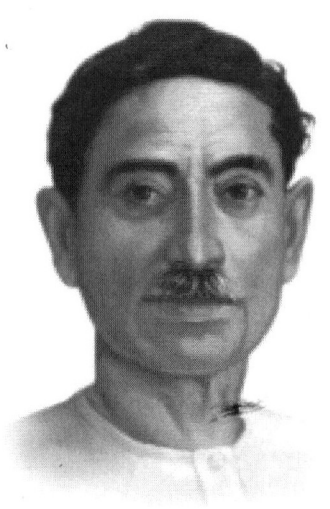

•

प्रेमचंद

दुर्लभ ई साहित्य कार्नर

© सर्वाधिकार प्रकाशकाधीन

भारतीय कॉपीराइट एक्ट के अंतर्गत प्रस्तुत पुस्तक की सामग्री का अधिकार 'दुर्लभ ई-साहित्य कार्नर' के पास सुरक्षित है।

लेखक परिचय

मुंशी प्रेमचंद का जन्म 31 जुलाई 1880 को बनारस के लमही गांव में हुआ था। उनके पिता अजायब राय डाकखाने में साधारण नौकर के तौर पर कार्यरत थे। मुंशी जी जब आठ वर्ष के थे तभी उनके माता का निधन हो गया। माता के निधन के बाद से लेकर अपने जीवन के अंत तक लगातार उन्होंने विषम परिस्थितियों का सामना किया। पिता अजायब राय ने दूसरी शादी कर ली जिसके कारण प्रेम व स्नेह से भी वंचित रहा। घर में भयंकर गरीबी थी। तन पर कपड़े का अभाव एवं खाने के लिए पर्याप्त भोजन का भी संकट था। इसके बावजूद घर में सौतेली मां का व्यवहार भी घोर दुखदायी था।

अल्पायु में ही विवाह हो गया। पत्नी भी उम्र में बड़ी एवं बदसूरत थी। पत्नी का चेहरा और सौतेली मां का कटु वचन जले पर नमक का काम किया। प्रेमचन्द के शब्दों में "जब मैंने उसकी सूरत देखी तो मेरा खून सूख गया।"

मुंशी जी अपनी शादी के फैसले से आहत होकर पिता अजायब राय के बारे में लिखा है–"पिताजी ने जीवन के अंतिम पड़ाव में एक ठोकर खाई और स्वयं तो गिरे ही, साथ ही मुझे भी ले डुबे।"

मुंशी जी को कभी ईश्वर की भी जरूरत महसूस नहीं हुई। जैनेंद्र जी को वे लिखते हैं–"तुम आस्तिकता की ओर बढ़े जा रहे हो–न सिर्फ जा रहे हो बल्कि पक्के भगत बनते जा रहे हो जबकि मैं संदेह से नास्तिक बनता जा रहा हूं।"

मृत्यु से पहले भी जैनेंद्र जी से उन्होंने कहा था–"लोग ऐसे समय में ईश्वर को याद करते हैं, मुझे भी याद दिलाई जाती है, पर मुझे अभी तक ईश्वर को कष्ट देने की आवश्यकता महसूस नहीं हुई है।"

अपनी लेखनी से मजबूरों के लिए आजीवन लड़ने वाले इस महान रचनाकार के जीवन का अंत 8 अक्टूबर, 1936 को आर्थिक विपन्नता के कारण ठीक से इलाज न कराए जाने के फलस्वरूप हुई।

अनुक्रम

1. गुल्ली-डंडा — 5
2. शतरंज के खिलाड़ी — 15
3. खुदाई फौजदार — 28
4. अलग्योझा — 41
5. दारोगाजी — 65
6. ईदगाह — 75
7. जुलूस — 92
8. पंच-परमेश्वर — 105

गुल्ली-डंडा

हमारे अंग्रेजीदां दोस्त मानें या न मानें मैं तो यही कहूंगा कि गुल्ली-डण्डा सब खेलों का राजा है। अब भी कभी लड़कों को गुल्ली-डण्डा खेलते देखता हूं, तो जी लोट-पोट हो जाता है कि इनके साथ जाकर खेलने लगूं। न लॉन की जरूरत, न कोर्ट की, न नेट की, न थापी की। मजे से किसी पेड़ की एक टहनी काट लो, गुल्ली बना लो, और दो आदमी भी आ गये; तो खेल शुरू हो गया। विलायती खेलों में सबसे बड़ा ऐब है कि उनके सामान महंगे होते हैं। जब तक कम-से-कम एक सैकड़ा न खर्च कीजिए, खिलाड़ियों में शुमार ही नहीं हो सकता। यह गुल्ली-डण्डा है कि बिना हर्र-फिटकरी के चोखा रंग देता है; पर हम अंग्रेजी चीजों के पीछे ऐसे दीवाने हो रहे हैं कि अपनी सभी चीजों से अरुचि हो गयी है। हमारे स्कूलों में हरेक लड़के से तीन-चार रुपये सालाना केवल खेलने की फीस ली जाती है। किसी को यह नहीं सूझता कि भारतीय खेल खेलायें; जो बिना दाम-कौड़ी के खेले जाते हैं। अंग्रेजी खेल उनके लिए है, जिनके पास धन है। गरीब-लड़कों के सिर क्यों यह व्यसन मढ़ते हो। ठीक है, गुल्ली से आंख फूट जाने का भय रहता है। तो क्या क्रिकेट से सिर फूट जाने, तिल्ली फट जाने, टांग टूट जाने का भय नहीं रहता? अगर हमारे माथे में गुल्ली का दाग आज तक बना हुआ है, तो हमारे कई दोस्त ऐसे भी हैं, जो थापी को बैसाखी से बदल बैठे। खैर, यह अपनी-अपनी रुचि है। मुझे गुल्ली ही सब खेलों से अच्छी लगती है और बचपन की मीठी स्मृतियों में गुल्ली ही सबसे मीठी है। वह प्रात:काल घर से निकल जाना, वह पेड़ पर चढ़कर टहनियां काटना और गुल्ली-डण्डे बनाना, वह उत्साह, वह लगन, वह खिलाड़ियों के जमघटे, वह पदना और पदाना; वह लड़ाई-

झगड़े, वह सरल स्वभाव, जिसमें छूत-अछूत, अमीर-गरीब का बिलकुल भेद न रहता था, जिसमें अमीराना चोचलों की, प्रदर्शन की, अभिमान की गुंजाइश ही न थी, यह उसी वक्त भूलेगा जब.......घर वाले बिगड़ रहे हैं, पिता जी चौके पर बैठे वेग से रोटियों पर अपना क्रोध उतार रहे हैं, अम्मां की दौड़ केवल द्वार तक है, लेकिन उनकी विचारधारा में मेरा अन्धकारमय भविष्य टूटी हुई नौका की तरह डगमगा रहा है, और मैं हूं कि पदाने में मस्त हूं, न नहाने की सुधि है, न खाने की। गुल्ली है तो जरा-सी; पर उसमें दुनिया भर की मिठाइयों की मिठास और तमाशों का आनन्द भरा हुआ है।

मेरे हमजोलियों में एक लड़का गया नाम का था। मुझसे दो-तीन साल बड़ा होगा। दुबला, लम्बा, बन्दरों की-सी लम्बी-लम्बी पतली-पतली उंगलियां, बन्दरों की-सी ही चपलता, वही झल्लाहट। गुल्ली कैसी हो, उस पर इस तरह लपकता था; जैसे छिपकली कीड़ों पर लपकती है। मालूम नहीं उसके मां-बाप थे या नहीं, कहां रहता था, क्या खाता था; पर था हमारे गुल्ली-क्लब का चैम्पियन। जिसकी तरफ वह आ जाय, उसकी जीत निश्चित थी! हम सब उसे दूर से आते देख, उसका दौड़कर स्वागत करते थे और उसे अपना गोइयां बना लेते थे।

एक दिन हम और गया दो ही खेल रहे थे। वह पदा रहा था, मैं पद रहा था; मगर कुछ विचित्र बात है कि पदाने में हम दिन भर मस्त रह सकते हैं, पदना एक मिनट का भी अखरता है। मैंने गला छुड़ाने के लिए सब चालें चलीं, जो ऐसे अवसर पर शास्त्रविहित न होने पर भी क्षम्य हैं, लेकिन गया अपना दांव लिए बगैर मेरा पिण्ड न छोड़ता था।

अनुनय-विनय का कोई असर न हुआ। मैं घर की ओर भागा।

गया ने मुझे दौड़कर पकड़ लिया और डण्डा तानकर बोला—मेरा दांव देकर जाओ। पदाया तो बड़े बहादुर बन के, पदने की बेर क्यों भागे जाते हो?

'तुम दिन भर पदाओ तो मैं दिन भर पदता रहूं।'

'हां, तुम्हें दिन भर पदना पड़ेगा।'
'न खाने जाऊं न पीने जाऊं?'
'हां; मेरा दांव दिये बिना कहीं नहीं जा सकते।'
'मैं तुम्हारा गुलाम हूं?'
'हां, मेरे गुलाम हो।'
'मैं घर जाता हूं, देखूं मेरा क्या कर लेते हो?'
'घर कैसे जाओगे, कोई दिल्लगी है। दांव दिया है, दांव लेंगे।'
'अच्छा, कल मैंने तुम्हें अमरूद खिलाया था। वह लौटा दो।'
'वह तो पेट में चला गया।'
'निकालो पेट से। तुमने क्यों खाया मेरा अमरूद?'
'अमरूद तुमने दिया, तब मैंने खाया। तुमसे मांगने न गया था।'
'जब तक मेरा अमरूद न दोगे, मैं दांव न दूंगा।'

मैं समझता था, न्याय मेरी ओर है। आखिर मैंने किसी स्वार्थ से ही उसे अमरूद खिलाया होगा। कौन नि:स्वार्थ किसी के साथ सलूक करता है। भिक्षा तक तो स्वार्थ के लिए ही देते हैं। जब गया ने अमरूद खाया, तो फिर उसे मुझसे दांव लेने का क्या अधिकार है? रिश्वत देकर तो लोग खून पचा जाते हैं। यह मेरा अमरूद यों ही हजम कर जायेगा? अमरूद पैसे के पांच वाले थे, जो गया के बाप को भी नसीब न होंगे। यह सरासर अन्याय था।

गया ने मुझे अपनी ओर खींचते हुए कहा—मेरा दांव देकर जाओ, अमरूद-समरूद मैं नहीं जानता।

मुझे न्याय का बल था। वह अन्याय पर डटा हुआ था। मैं हाथ छुड़ाकर भागना चाहता था। वह मुझे जाने न देता था! मैंने गाली दी; उसने उससे कड़ी गाली दी, और गाली नहीं, दो-एक चांटा जमा दिया। मैंने उसे दांत काट लिया। उसने मेरी पीठ पर डण्डा जमा दिया। मैं रोने लगा। गया मेरे इस अस्त्र का मुकाबला न कर सका। भागा। मैंने तुरन्तु आंसू पोंछ डाले, डंडे की चोट भूल गया और हंसता हुआ घर जा पहुंचा! मैं थानेदार का लड़का एक नीच जात के लौंडे

के हाथों पिट गया, यह मुझे उस समय भी अपमानजनक मालूम हुआ; लेकिन घर में किसी से शिकायत न की।

❑❑

उन्हीं दिनों पिताजी का वहां से तबादला हो गया। नई दुनिया देखने की खुशी में ऐसा फूला कि अपने हमजोलियों से बिछुड़ जाने का बिलकुल दुःख न हुआ। पिताजी दुःखी थे। यह बड़ी आमदनी की जगह थी। अम्मां जी भी दुःखी थीं, यहां सब चीजें सस्ती थीं, और मुहल्ले के स्त्रियों से घराव–सा हो गया था, लेकिन मैं मारे खुशी के फूला न समाता था। लड़कों से जीट उड़ा रहा था, वहां ऐसे घर थोड़े ही होते हैं। ऐसे–ऐसे ऊंचे घर हैं कि आसमान से बातें करते हैं। वहां के अंग्रेजी स्कूल में कोई मास्टर लड़कों को पीटे, तो उसे जेहल हो जाय। मेरे मित्रों की फैली हुई आंखें और चकित–मुद्रा बतला रही थीं कि मैं उनकी निगाह में कितना ऊंचा उठ गया हूं। बच्चों में मिथ्या को सत्य बना लेने की वह शक्ति है, जिसे हम, जो सत्य को मिथ्या बना लेते हैं, क्या समझेंगे। उन बेचारों को मुझसे कितनी स्पर्द्धा हो रही थी। मानो कह रहे थे—तुम भाग्यवान हो भाई, जाओ हमें तो इस ऊजड़ ग्राम में जीना भी है और मरना भी।

बीस साल गुजर गये। मैंने इंजीनियरी पास की और उसी जिले का दौरा करता हुआ, उसी कस्बे में पहुंचा और डाक बंगले में ठहरा। उस स्थान को देखते ही इतनी मधुर बाल–स्मृतियां हृदय में जाग उठीं कि मैंने छड़ी उठाई और कस्बे की सैर करने निकला। आंखें किसी प्यासे पथिक की भांति बचपन के उन क्रीड़ा–स्थलों को देखने के लिए व्याकुल हो रही थीं; पर उस परिचित नाम के सिवा वहां और कुछ परिचित न था। जहां खंडहर था। वहां पक्के मकान खड़े थे। जहां बरगद का पुराना पेड़ था; वहां अब एक सुन्दर बगीचा था। स्थान की काया–पलट हो गयी थी। अगर उसके नाम और स्थिति का ज्ञान न होता, तो मैं इसे पहचान भी न सकता। बचपन की संचित और स्मृतियां बांहें खोले अपने उन पुराने मित्रों से गले मिलने को अधीर हो

रही थीं; मगर वह दुनिया बदल गयी थी। ऐसा जी होता था कि उस धरती से लिपटकर रोऊं और कहूं, तुम मुझे भूल गयीं। मैं तो अब भी तुम्हारा वही रूप देखना चाहता हूं।

सहसा एक खुली हुई जगह में मैंने दो-तीन लड़कों को गुल्ली-डण्डा खेलते देखा। एक क्षण के लिए मैं अपने को बिलकुल भूल गया। भूल गया कि मैं एक ऊंचा अफसर हूं, साहबी ठाट में, रोब और अधिकार के आवरण में।

जाकर एक लड़के से पूछा—क्यों बेटे, यहां कोई गया नाम का आदमी रहता है?

एक लड़के ने गुल्ली-डण्डा समेटकर सहमे हुए स्वर में कहा— कौन गया? गया चमार?

मैंने यों ही कहा—हां-हां वही। गया नाम का कोई आदमी है तो। शायद वही हो।

'हां, है तो।'

'जरा उसे बुलाकर ला सकते हो?'

लड़का दौड़ा हुआ गया और एक क्षण में एक पांच हाथ के काले देव को साथ लिए आता दिखाई दिया। मैं दूर ही से पहचान गया। उसकी ओर लपकना चाहता था कि उसके गले लिपट जाऊं; पर कुछ सोचकर रह गया। बोला—कहो गया, मुझे पहचानते हो?

गया ने झुककर सलाम किया—हां मालिक, भला पहचानूंगा क्यों नहीं? आप मजे में रहे?

'बहुत मजे में। तुम अपनी कहो?'

'डिप्टी साहब का साईस हूं।'

'मतई, मोहन, दुर्गा यह सब कहां हैं? कुछ खबर है?'

'मतई तो मर गया, दुर्गा और मोहन दोनों डाकिये हो गये हैं, आप?'

'मैं तो जिले का इन्जीनियर हूं?'

'सरकार तो पहले ही बड़े जहीन थे।'

'अब कभी गुल्ली-डण्डा खेलते हो?'

गया ने मेरी ओर प्रश्न की आंखों से देखा—अब गुल्ली-डण्डा क्या खेलूंगा सरकार, अब तो पेट के धंधे से छुट्टी नहीं मिलती।

आओ, आज हम तुम खेलें। तुम पदाना, हम पदेंगे। तुम्हारा एक दांव हमारे ऊपर है। वह आज ले लो।

गया बड़ी मुश्किल से राजी हुआ। वह ठहरा टके का मजदूर, मैं एक बड़ा अफसर। हमारा और उसका क्या जोड़? बेचारा झेंप रहा था; लेकिन मुझे भी कुछ कम झेंप न थी; इसलिए नहीं कि मैं गया के साथ खेलने जा रहा था; बल्कि इसलिए कि लोग इस खेल को अजूबा समझकर इसका तमाशा बना लेंगे और अच्छी-खासी भीड़ लग जायेगी। उस भीड़ में वह आनन्द कहां रहेगा; पर खेले बगैर तो रहा नहीं जाता था। आखिर निश्चय हुआ कि दोनों जने बस्ती से दूर जाकर एकान्त में खेलें। वहां कौन कोई देखने वाला बैठा होगा। मजे से खेलेंगे और बचपन की उस मिठाई का खूब रस ले-लेकर खायेंगे। मैं गया को लेकर डाक बंगले पर आया और मोटर में बैठकर दोनों मैदान की ओर चले। साथ में एक कुल्हाड़ी ले ली। मैं गंभीर भाव धारण किये हुए था, लेकिन गया इसे अभी तक मजाक ही समझ रहा था। फिर भी उसके मुख पर उत्सुकता या आनन्द का कोई चिह्न न था। शायद हम दोनों में जो अन्तर हो गया था, वह सोचने में मगन था।

मैंने पूछा—तुम्हें कभी हमारी याद आयी थी गया? सच कहना।

गया झेंपता हुआ बोला—मैं आपको क्या याद करता हुजूर, किस लायक हूं। भाग में आपके साथ कुछ दिन खेलना बदा था, नहीं मेरी क्या गिनती।

मैंने कुछ उदास होकर कहा—लेकिन मुझे तो बराबर तुम्हारी याद आती थी। तुम्हारा वह डण्डा, जो तुमने तानकर जमाया था, याद है न?

गया ने पछताते हुए कहा—वह लड़कपन था सरकार, उसकी याद न दिलाओ।

'वाह! वह मेरे बाल-जीवन की सबसे रसीली याद है। तुम्हारे उस डंडे में जो रस था, वह तो अब न आदर-सम्मान में पाता हूं, न धन में। कुछ ऐसी मिठास थी उसमें कि आज तक उससे मन मीठा होता रहता है।

इतनी देर में हम बस्ती से कोई तीस मील निकल आये हैं। चारों तरफ सन्नाटा है। पश्चिम की ओर कोसों तक भीमताल फैला हुआ है, जहां आकर हम किसी समय कमल के पुष्प तोड़ ले जाते थे और उसके झुमके बनाकर कानों में डाल लेते थे। जेठ की संध्या केसर में डूबी चली आ रही है। मैं लपककर एक पेड़ पर चढ़ गया और एक टहनी काट लाया। चटपट गुल्ली-डण्डा बन गया।

खेल शुरू हो गया। मैंने गुच्ची में गुल्ली रखकर उछाली। गुल्ली गया के सामने से निकल गयी। उसने हाथ लपकाया जैसे मछली पकड़ रहा हो। गुल्ली उसके पीछे जाकर गिरी। यह वही गया है, जिसके हाथों में गुल्ली जैसे आप-ही-आप जाकर बैठ जाती थी। वह दाहिने-बायें कहीं हो, गुल्ली उसकी हथेलियों में ही पहुंचती थी। जैसे गुल्लियों पर वशीकरण डाल देता हो। नई गुल्ली, पुरानी गुल्ली, छोटी गुल्ली, बड़ी गुल्ली, नोकदार गुल्ली, सपाट गुल्ली, सभी उसे मिल जाती थी। जैसे उसके हाथों में कोई चुंबक हो, जो गुल्लियों को खींच लेता हो, लेकिन आज गुल्ली को उससे प्रेम नहीं रहा। फिर तो मैंने पदाना शुरू किया। मैं तरह-तरह की धांधलियां कर रहा था। अभ्यास की कसर बेईमानी से पूरी कर रहा था। हुच जाने पर भी डण्डा खेले जाता था; हालांकि शास्त्र के अनुसार गया की बारी आनी चाहिए थी। गुल्ली पर जब ओछी चोट पड़ती और वह जरा दूर पर गिर पड़ती, तो मैं झटपट उसे खुद उठा लेता और दोबारा टांड लगाता। गया यह सारी बेकायदगियां देख रहा था, पर कुछ न बोलता था, जैसे उसे वह सब कायदे-कानून भूल गये। उसका निशाना कितना अचूक था। गुल्ली उसके हाथ से निकलकर टन से डण्डे में आकर लगती थी। उसके हाथ से छूटकर उसका काम

था डण्डे से टकरा जाना; लेकिन आज वह गुल्ली डण्डे में लगती ही नहीं। कभी दाहिने जाती है, कभी बायें, कभी आगे, कभी पीछे।

आध घंटे पदाने के बाद एक बार गुल्ली डंडे में आ लगी। मैंने धांधली की, गुल्ली डण्डे में नहीं लगी, बिलकुल पास से गयी; लेकिन लगी नहीं।

गया ने किसी प्रकार का असन्तोष न प्रकट किया।

'न लगी होगी।'

'डण्डे में लगती तो क्या मैं बेईमानी करता?'

'नहीं भैया, तुम भला बेईमानी करोगे।'

बचपन में मजाल थी, कि मैं ऐसा घपला करके जीता बचता। यही गया गरदन पर चढ़ बैठता; लेकिन आज मैं उसे कितनी आसानी से धोखा दिये चला जाता था। गधा है! सारी बातें भूल गया।

सहसा गुल्ली फिर डण्डे में लगी और इतने जोर से लगी जैसे बन्दूक छूटी हो। इस प्रमाण के सामने अब किसी तरह की धांधली करने का साहस मुझे इस वक्त भी न हो सका; लेकिन क्यों न एक बार सच को झूठ बनाने की चेष्टा करूं? मेरा हरज ही क्या है। मान गया, तो वाह-वाह नहीं तो दो-चार हाथ पदना ही तो पड़ेगा। अंधेरे का बहाना करके जल्दी से गला छुड़ा लूंगा। फिर कौन दांव देने आता है।

गया ने विजय के उल्लास में कहा—लग गयी, लग गयी! टन से बोली।

मैंने अनजान बनने की चेष्टा करके कहा—तुमने लगते देखा? मैंने तो नहीं देखा।

'टन से बोली है सरकार!'

'और जो किसी ईंट में लग गयी हो?'

मेरे मुख से यह वाक्य उस समय कैसे निकला, इसका मुझे खुद आश्चर्य है। इस सत्य को झुठलाना वैसे ही था जैसे दिन को रात बताना। हम दोनों ने गुल्ली को डण्डे में जोर से लगते देखा था; लेकिन गया ने मेरा कथन स्वीकार कर लिया।

'हां, किसी ईंट में ही लगी होगी। डण्डे में लगती, तो इतनी आवाज न आती।'

मैंने फिर पदाना शुरू कर दिया; लेकिन प्रत्यक्ष धांधली कर लेने के बाद, गया की सरलता पर मुझे दया आने लगी, इसलिए जब तीसरी बार गुल्ली डण्डे में लगी, तो मैंने बड़ी उदारता से दांव देना तय कर लिया।

गया ने कहा—अब तो अंधेरा हो गया है भैया, कल पर रखो।

मैंने सोचा, कल बहुत-सा समय होगा, यह न जाने कितने देर पदाये, इसीलिए इसी वक्त मुआमला साफ कर लेना अच्छा होगा।

'नहीं, नहीं। अभी बहुत उजाला है। तुम अपना दांव ले लो।'

'गुल्ली सूझेगी नहीं।'

'कुछ परवाह नहीं।'

गया ने पदाना शुरू किया, पर उसे बिलकुल अभ्यास न था। उसने दो बार टांड लगाने का इरादा किया; पर दोनों ही बार हुच गया। एक मिनट से कम में वह दांव पूरा कर चुका। बेचारा घण्टा भर पदा; पर एक मिनट ही में अपना दांव खो बैठा। मैंने अपने हृदय की विशालता का परिचय दिया।

'एक दांव और खेल लो। तुम पहले ही हाथ में हुच गये।'

'नहीं भैया, अब अंधेरा हो गया।'

'तुम्हारा अभ्यास छूट गया। क्या कभी खेलते नहीं?'

'खेलने का समय कहां मिलता है भैया!'

हम दोनों मोटर पर जा बैठे और चिराग जलते-जलते पड़ाव पर पहुंच गये। गया चलते-चलते बोला—कल यहां गुल्ली-डण्डा होगा। सभी पुराने खिलाड़ी खेलेंगे। आप भी आओगे? जब आपको फुरसत हो, तभी खिलाड़ियों को बुलाऊं।

मैंने शाम का समय दिया और दूसरे दिन मैच देखने आया। कोई दस-दस आदमियों की मण्डली थी। कई मेरे लड़कपन के साथी निकले। अधिकांश युवक थे जिन्हें मैं पहचान न सका। खेल शुरू हुआ। मैं मोटर पर बैठा-बैठा तमाशा देखने लगा। आज गया का

खेल, उसका वह नैपुण्य देखकर मैं चकित हो गया। टांड लगाता, तो गुल्ली आसमान से बातें करती। कल की-सी वह झिझक, वह हिचकिचाहट, वह बेदिली आज न थी। लड़कपन में जो बात थी, आज उसने प्रौढ़ता प्राप्त कर ली थी। कहीं कल इसने मुझे इस तरह पदाया होता, तो मैं जरूर रोने लगता। उसके डण्डे की चोट खाकर गुल्ली दो सौ गज की खबर लाती थी।

पदने वालों में एक युवक ने धांधली की! उसने अपने विचार में गुल्ली रोक ली थी। गया का कहना था—गुल्ली जमीन में लगकर उछली थी। इस पर दोनों में ताल ठोंकने की नौबत आयी। युवक दब गया। गया का तमतमाया हुआ चेहरा देखकर डर गया। अगर वह दब न जाता, तो जरूर मारपीट हो जाती। मैं खेल में न था; पर दूसरों के इस खेल में मुझे वही लड़कपन का आनन्द आ रहा था, जब हम सब कुछ भूलकर खेल में मस्त हो जाते थे। अब मुझे मालूम हुआ कि कल गया ने मेरे साथ खेला नहीं, केवल खेलने का बहाना किया। उसने मुझे दया का पात्र समझा। मैंने धांधली की, बेईमानियां कीं; पर उसे ज़रा भी क्रोध न आया। इसलिए कि वह खेल न रहा था, मुझे खेला रहा था, मेरा मान रख रहा था। वह मुझे पदाकर मेरा कचूमर नहीं निकालना चाहता था। मैं अब अफसर हूं। यह अफसरी मेरे और उसके बीच में दीवार बन गयी है। अब मैं उसका लिहाज पा सकता हूं, अदब पा सकता हूं, साहचर्य नहीं पा सकता। लड़कपन था, तब मैं उसका समकक्ष था। हममें कोई भेद न था। यह पद पाकर अब मैं केवल उसकी दया के योग्य हूं। वह मुझे अपना जोड़ नहीं समझता। वह बड़ा हो गया है, मैं छोटा हो गया हूं।

●●●

शतरंज के खिलाड़ी

वाजिदअली शाह का समय था। लखनऊ विलासिता के रंग में डूबा हुआ था। छोटे-बड़े, गरीब-अमीर सभी विलासिता में डूबे हुए थे। कोई नृत्य और गान की मजलिस सजाता था, तो कोई अफीम की पीनक ही में मजे लेता था। जीवन के प्रत्येक विभाग में आमोद-प्रमोद का प्राधान्य था। शासन-विभाग में, साहित्य-क्षेत्र में, सामाजिक अवस्था में, कला-कौशल में, उद्योग-धंधों में, आहार-व्यवहार में, सर्वत्र विलासिता व्याप्त हो रही थी। राजकर्मचारी विषय-वासना में, कविगण प्रेम और विरह के वर्णन में, कारीगर कलाबत्तू और चिकन बनाने में, व्यवसायी सुरमे, इत्र, मिस्सी और उबटन का रोजगार करने में लिप्त थे। सभी की आंखों में विलासिता का मद छाया हुआ था। संसार में क्या हो रहा है, इसकी किसी को खबर न थी। बटेर लड़ रहे हैं। तीतरों की लड़ाई के लिए पाली बदी जा रही है। कहीं चौसर बिछी हुई है; पौ-बारह का शोर मचा हुआ है। कहीं शतरंज का घोर संग्राम छिड़ा हुआ है। राजा से लेकर रंक तक इसी धुन में मस्त थे। यहां तक कि फकीरों को पैसे मिलते, तो वे रोटियां न लेकर अफीम खाते या मदक पीते। शतरंज, ताश, गंजीफा खेलने से बुद्धि तीव्र होती है, विचार-शक्ति का विकास होता है, पेचीदा मसलों को सुलझाने की आदत पड़ती है। ये दलीलें जोरों के साथ पेश की जाती थीं (इस सम्प्रदाय के लोगों से दुनिया अब भी खाली नहीं है)। इसलिए अगर मिरजा सज्जादअली और मीर रौशनअली अपना अधिकांश समय बुद्धि तीव्र करने में व्यतीत करते थे, तो किसी विचारशील पुरुष को क्या आपत्ति हो सकती थी ? दोनों के पास मौरूसी जागीरें थीं; जीविका

की कोई चिन्ता न थी; घर में बैठे चखौतियां करते थे। आखिर और करते ही क्या? प्रात:काल दोनों मित्र नाश्ता करके बिसात बिछाकर बैठ जाते, मुहरे सज जाते, और लड़ाई के दांव-पेच होने लगते। फिर खबर न होती थी कि कब दोपहर हुई, कब तीसरा पहर, कब शाम! घर के भीतर से बार-बार बुलावा आता कि खाना तैयार है। यहां से जवाब मिलता—चलो, आते हैं, दस्तरख्वान बिछाओ। यहां तक कि बावरची विवश होकर कमरे ही में खाना रख जाता था, और दोनों मित्र दोनों काम साथ-साथ करते थे।

मिरजा सज्जादअली के घर में कोई बड़ा-बूढ़ा न था, इसलिए उन्हीं के दीवानखाने में बाजियां होती थीं। मगर यह बात न थी कि मिरजा के घर के और लोग इस व्यवहार से खुश हों। घर वालों को तो कहना ही क्या, मुहल्ले वाले, घर के नौकर-चाकर तक नित्य द्वेषपूर्ण टिप्पणियां किया करते थे—बड़ा मनहूस खेल है। घर को तबाह कर देता है। खुदा न करे, किसी को इसकी चाट पड़े, आदमी दीन दुनिया किसी काम का नहीं रहता, न घर का, न घाट का। बुरा रोग है। यहां तक कि मिरजा की बेगम साहबा को इससे इतना द्वेष था कि अवसर खोज-खोजकर पति को लताड़ती थीं। पर उन्हें इसका अवसर मुश्किल से मिलता था। वह सोती ही रहती थीं, तब तक बाजी बिछ जाती थी। और रात को जब सो जाती थीं, तब कहीं मिरजाजी घर में आते थे। हां, नौकरों पर वह अपना गुस्सा उतारती रहती थीं—क्या पान मांगे हैं? कह दो, आकर ले जाएं। खाने की फुरसत नहीं है? ले जाकर खाना सिर पर पटक दो, खाएं चाहे कुत्ते को खिलाएं। पर रूबरू वह भी कुछ न कह सकती थीं। उनको अपने पति से उतना मलाल न था, जितना मीर साहब से । उन्होंने उनका नाम मीर बिगाड़ू रख छोड़ा था। शायद मिरजाजी अपनी सफाई देने के लिए सारा इलजाम मीर साहब ही के सिर थोप देते थे।

एक दिन बेगम साहबा के सिर में दर्द होने लगा। उन्होंने लौंडी से कहा—जाकर मिरजा साहब को बुला ला। किसी हकीम के यहां से दवा लाएं। दौड़, जल्दी कर। लौंडी गयी तो मिरजाजी ने कहा—

चल, अभी आते हैं। बेगम साहबा का मिजाज गरम था। इतनी ताब कहां कि उनके सिर में दर्द हो और पति शतरंज खेलता रहे। चेहरा सुर्ख हो गया। लौंडी से कहा—जाकर कह, अभी चलिए, नहीं तो वह आप ही हकीम के यहां चली जाएंगी। मिरजाजी बड़ी दिलचस्प बाजी खेल रहे थे, दो ही किस्तों में मीर साहब की मात हुई जाती थी। झुंझलाकर बोले—क्या ऐसा दम लबों पर है? जरा सब्र नहीं होता?

मीर—अरे, तो जाकर सुन ही आइए न! औरतें नाजुक-मिजाज होती ही हैं।

मिरजा—जी हां, चला क्यों न जाऊं! दो किश्तों में आपकी मात होती है।

मीर—जनाब, इस भरोसे न रहिएगा। वह चाल सोची है कि आपके मुहरे धरे रहें और मात हो जाय। पर जाइए, सुन आइए। क्यों खामख्वाह उनका दिल दुखाइएगा?

मिरजा—इस बात पर मात ही करके जाऊंगा।

मीर—मैं खेलूंगा ही नहीं। आप जाकर सुन आइए।

मिरजा—अरे यार, जाना पड़ेगा हकीम के यहां। सिर-दर्द खाक नहीं है; मुझे परेशान करने का बहाना है।

मीर—कुछ भी हो, उनकी खातिर तो करनी ही पड़ेगी।

मिरजा—अच्छा, एक चाल और चल लूं।

मीर—हरगिज नहीं, जब तक आप सुन आएंगे, मैं मुहरे में हाथ ही न लगाऊंगा।

मिरजा साहब मजबूर होकर अन्दर गये, तो बेगम साहब ने त्योरियां बदल कर, लेकिन कराहते हुए कहा—तुम्हें निगोड़ी शतरंज इतनी प्यारी है। चाहे कोई मर ही जाय, पर उठने का नाम नहीं लेते! नौज, कोई तुम-जैसा आदमी हो!

मिरजा—क्या कहूं, मीर साहब मानते ही न थे। बड़ी मुश्किल से पीछा छुड़ाकर आया हूं।

बेगम—क्या जैसे वह खुद निखट्टू हैं, वैसे ही सबको समझते हैं? उनके भी तो बाल-बच्चे हैं या सबका सफाया कर डाला?

मिरजा—बड़ा लती आदमी है। जब आ जाता है, तब मजबूर होकर मुझे भी खेलना पड़ता है।

बेगम—दुत्कार क्यों नहीं देते?

मिरजा—बराबर के आदमी हैं, उम्र में, दर्जे में मुझसे दो अंगुल ऊंचे। मुलाहिजा करना ही पड़ता है।

बेगम—तो मैं ही दुत्कारे देती हूं। नाराज हो जाएंगे, हो जाएं। कौन किसी की रोटियां चला देता है। रानी रूठेंगी, अपना सुहाग लेंगी। हरिया, जा बाहर से शतरंज उठा ला। मीर साहब से कहना, मियां अब न खेलेंगे; आप तशरीफ ले जाइए।

मिरजा—हां-हां, कहीं ऐसा गजब भी न करना! जलील करना चाहती हो क्या? ठहर हरिया, कहां जाती है।

बेगम—जाने क्यों नहीं देते? मेरा ही खून पिए, जो उसे रोके। अच्छा, उसे रोका, मुझे रोको, तो जानूं?

यह कहकर बेगम साहबा झल्लाई हुई दीवानखाने की तरफ चलीं। मिरजा बेचारे का रंग उड़ गया। बीबी की मिन्नतें करने लगे—खुदा के लिए, तुम्हें हजरत हुसेन की कसम है। मेरी ही मैयत देखे, जो उधर जाय। लेकिन बेगम ने एक न मानी। दीवानखाने के द्वार तक गयी, पर एकाएक पर-पुरुष के सामने जाते हुए पांव बंध-से गए। भीतर झांका, संयोग से कमरा खाली था। मीर साहब ने दो-एक मुहरे इधर-उधर कर दिये थे और अपनी सफाई जताने के लिए बाहर टहल रहे थे। फिर क्या था, बेगम ने अन्दर पहुंचकर बाजी उलट दी, मुहरे कुछ तख्त के नीचे फेंक दिये, कुछ बाहर और किवाड़ अन्दर से बन्द करके कुंडी लगा दी। मीर साहब दरवाजे पर तो थे ही, मुहरे बाहर फेंके जाते देखे, चूड़ियों की झनक भी कान में पड़ी। फिर दरवाजा बन्द हुआ, तो समझ गए, बेगम साहबा बिगड़ गईं। चुपके से घर की राह ली।

मिरजा ने कहा—तुमने गजब किया।

बेगम—अब मीर साहब इधर आये, तो खड़े-खड़े निकलवा दूंगी। इतनी लौ खुदा से लगाते, तो वली हो जाते! आप तो शतरंज

खेलें और मैं यहां चूल्हे-चक्की की फिक्र में सिर खपाऊं! जाते हो हकीम साहब के यहां कि अब भी ताम्मुल है?

मिरजा घर से निकले, तो हकीम के घर जाने के बदले मीर साहब के घर पहुंचे और सारा वृत्तान्त कहा। मीर साहब बोले—मैंने तो जब मुहरे बाहर आते देखे, तभी ताड़ गया। फौरन भागा। बड़ी गुस्सेवर मालूम होती हैं। मगर आपने उन्हें यों सिर चढ़ा रखा है, यह मुनासिब नहीं। उन्हें इससे क्या मतलब कि आप बाहर क्या करते हैं। घर का इन्तजाम करना उनका काम है; दूसरी बातों से उन्हें क्या सरोकार?

मिरजा—खैर, यह तो बताइए, अब कहां जमाव होगा?

मीर—इसका क्या गम है! इतना बड़ा घर पड़ा हुआ है। बस, यहीं जमे।

मिरजा—लेकिन बेगम साहबा को कैसे मनाऊंगा? जब घर पर बैठा रहता था, तब तो वह इतना बिगड़ती थीं; यहां बैठक होगी, तो शायद जिन्दा न छोड़ेंगी।

मीर—अजी, बकने भी दीजिए, दो-चार रोज में आप ही ठीक हो जायेंगी। हां, आप इतना कीजिए कि आज से जरा तन जाइए।

❑❑

मीर साहब की बेगम किसी अज्ञात कारण से मीर साहब का घर से दूर रहना ही उपयुक्त समझती थीं। इसलिए वह उनके शतंरज-प्रेम की कभी आलोचना न करती थीं, बल्कि कभी-कभी मीर साहब को देर हो जाती, तो याद दिला देती थीं। इन कारणों से मीर साहब को भ्रम हो गया था कि मेरी स्त्री अत्यन्त विनयशील और गम्भीर है। लेकिन जब दीवानखाने में बिसात बिछने लगी, और मीर साहब दिन-भर घर में रहने लगे, तो बेगम साहबा को बड़ा कष्ट होने लगा। उनकी स्वाधीनता में बाधा पड़ गई। दिन-भर दरवाजे पर झांकने को तरस जातीं।

उधर नौकरों में भी कानाफूसी होने लगी। अब तक दिन-भर पड़े-पड़े मक्खियां मारा करते थे। घर में कोई आए, कोई जाए, उनसे कुछ मतलब न था। अब आठों पहर की धौंस हो गई। कभी पान लाने

का हुक्म होता, कभी मिठाई का। और हुक्का तो किसी प्रेमी के हृदय की भांति नित्य जलता ही रहता था। वे बेगम साहबा से जा-जाकर कहते—हुजूर, मियां की शतरंज तो हमारे जी का जंजाल हो गई। दिन-भर दौड़ते-दौड़ते पैरों में छाले पड़ गए। यह भी कोई खेल है कि सुबह को बैठे तो शाम कर दी। घड़ी आध घड़ी दिल-बहलाव के लिए खेल खेलना बहुत है। खैर, हमें तो कोई शिकायत नहीं; हुजूर के गुलाम हैं, जो हुक्म होगा, बजा ही लाएंगे; मगर यह खेल मनहूस है। इसका खेलने वाला कभी पनपता नहीं; घर पर कोई न कोई आफत जरूर आती है। यहां तक कि एक के पीछे महल्ले-के-महल्ले तबाह होते देखे गए हैं। सारे मुहल्ले में यही चरचा होती रहती है। हुजूर का नमक खाते हैं, अपने आका की बुराई सुन-सुनकर रंज होता है। मगर क्या करें? इस पर बेगम साहबा कहतीं, "मैं तो खुद इसको पसन्द नहीं करती। पर वह किसी की सुनते ही नहीं, क्या किया जाय?"

मुहल्ले में भी जो दो-चार पुराने जमाने के लोग थे, आपस में भांति-भांति के अमंगल की कल्पनाएं करने लगे—अब खैरियत नहीं। जब हमारे रईसों का यह हाल है, तो मुल्क का खुदा ही हाफिज है। यह बादशाहत शतरंज के हाथों तबाह होगी। आसार बुरे हैं।

राज्य में हाहाकार मचा हुआ था। प्रजा दिन-दहाड़े लूटी जाती थी। कोई फरियाद सुनने वाला न था। देहातों की सारी दौलत लखनऊ में खिंची आती थी और वह वेश्याओं में, भांड़ों में और विलासिता के अन्य अंगों की पूर्ति में उड़ जाती थी। अंग्रेज कम्पनी का ऋण दिन-दिन बढ़ता जाता था। कमली दिन-दिन भीगकर भारी होती जाती थी। देश में सुव्यवस्था न होने के कारण वार्षिक कर भी वसूल न होता था। रेजीडेंट बार-बार चेतावनी देता था, पर यहां तो लोग विलासिता के नशे में चूर थे; किसी के कानों पर जूं न रेंगती थी।

खैर, मीर साहब के दीवानखाने में शतरंज होते कई महीने गुजर गये। नए-नए नक्शे हल किए जाते; नए-नए किले बनाए जाते; नित्य नई ब्यूह-रचना होती; कभी-कभी खेलते-खेलते झौंड़ हो जाती; तू-तू मैं-मैं तक की नौबत आ जाती; पर शीघ्र ही दोनों मित्रों में मेल हो

जाता। कभी-कभी ऐसा भी होता कि बाजी उठा दी जाती; मिरजाजी रूठकर अपने घर चले आते। मीर साहब अपने घर में जा बैठते। पर रात-भर की निद्रा के साथ सारा मनोमालिन्य शान्त हो जाता था। प्रात:काल दोनों मित्र दीवानखाने में आ पहुंचते थे।

एक दिन दोनों मित्र बैठे हुए शतरंज की दलदल में गोते खा रहे थे कि इतने में घोड़े पर सवार एक बादशाही फौज का अफसर मीर साहब का नाम पूछता हुआ आ पहुंचा। मीर साहब के होश उड़ गए। यह क्या बला सिर पर आयी! यह तलबी किस लिए हुई है! अब खैरियत नहीं नजर आती। घर के दरवाजे बंद कर लिये। नौकरों से बोले—कह दो, घर में नहीं हैं।

सवार—घर में नहीं, तो कहां हैं?

नौकर—यह मैं नहीं जानता। क्या काम है?

सवार—काम तुझे क्या बताऊंगा? हुजूर में तलबी है। शायद फौज के लिए कुछ सिपाही मांगे गए हैं। जागीरदार हैं कि दिल्लगी! मोरचे पर जाना पड़ेगा, तो आटे-दाल का भाव मालूम हो जायेगा!

नौकर—अच्छा, तो जाइए, कह दिया जायेगा।

सवार—कहने की बात नहीं है। मैं कल खुद आऊंगा, साथ ले जाने का हुक्म हुआ है।

सवार चला गया। मीर साहब की आत्मा कांप उठी। मिरजा जी से बोले—कहिए जनाब, अब क्या होगा?

मिरजा—बड़ी मुसीबत है। कहीं मेरी तलबी भी न हो।

मीर—कम्बख्त कल फिर आने को कह गया है।

मिरजा—आफत है, और क्या! कहीं मोरचे पर जाना पड़ा, तो बेमौत मरे।

मीर—बस, यही एक तदबीर है कि घर पर मिलो ही नहीं। कल से गोमती पर कहीं वीराने में नक्शा जमे। वहां किसे खबर होगी? हजरत आकर आप लौट जायेंगे?

मिरजा—वल्लाह, आपको खूब सूझी! इसके सिवाय और कोई तदबीर ही नहीं है।

इधर मीर साहब की बेगम उस सवार से कह रही थी, तुमने खूब धता बताया।

उसने जवाब दिया—ऐसे गावदियों को तो चुटकियों पर नचाता हूं। इनकी सारी अक्ल और हिम्मत तो शतरंज ने चर ली। अब भूलकर भी घर पर न रहेंगे।

❐❐

दूसरे दिन से दोनों मित्र मुंह अंधेरे घर से निकल खड़े होते। बगल में एक छोटी-सी दरी दबाए, डिब्बे में गिलौरियां भरे, गोमती पार की एक पुरानी वीरान मस्जिद में चले जाते, जिसे शायद नवाब आसफउद्दौला ने बनवाया था। रास्ते में तम्बाकू, चिलम और मदरिया ले लेते और मस्जिद में पहुंच, दरी बिछा, हुक्का भर शतरंज खेलने बैठ जाते थे। फिर उन्हें दीन-दुनिया की फिक्र न रहती थी। किश्त, शह आदि दो एक शब्दों के सिवा उनके मुंह से और कोई वाक्य नहीं निकलता था। कोई योगी भी समाधि में इतना एकाग्र न होता होगा। दोपहर को जब भूख मालूम होती, तो दोनों मित्र किसी नानबाई की दुकान पर जाकर खाना खाते, और एक चिलम हुक्का पीकर फिर संग्राम-क्षेत्र में डट जाते। कभी-कभी तो उन्हें भोजन का भी ख्याल न रहता था।

इधर देश की राजनीतिक दशा भयंकर होती जा रही थी। कम्पनी की फौजें लखनऊ की तरफ बढ़ी चली आती थीं। शहर में हलचल मची हुई थी। लोग बाल-बच्चों को लेकर देहातों में भाग रहे थे। पर हमारे दोनों खिलाड़ियों को इसकी जरा भी फिक्र न थी। वे घर से आते तो गलियों में होकर। डर था कि कहीं किसी बादशाही मुलाजिम की निगाह न पड़ जाये, तो बेगार में पकड़ जायें। हजारों रुपये सालाना की जागीर मुफ्त ही हजम करना चाहते थे।

एक दिन दोनों मित्र मस्जिद के खंडहर में बैठे हुए शतरंज खेल रहे थे। मिरजा की बाजी कुछ कमजोर थी। मीर साहब उन्हें किश्त-पर-किश्त दे रहे थे। इतने में कम्पनी के सैनिक आते हुए दिखाई

दिए। वह गोरों की फौज थी, जो लखनऊ पर अधिकार जमाने के लिए आ रही थी।

मीर साहब बोले—अंग्रेजी फौज आ रही है; खुदा खैर करे।

मिरजा—आने दीजिए, किश्त बचाइए। यह किश्त।

मीर—जरा देखना चाहिए, यहीं आड़ में खड़े हो जायें।

मिरजा—देख लीजिएगा, जल्दी क्या है, फिर किश्त!

मीर—तोपखाना भी है! कोई पांच हजार आदमी होंगे। कैसे-कैसे जवान हैं। लाल बन्दरों के-से मुंह! सूरत देखकर खौफ मालूम होता है।

मिरजा—जनाब, हीले न कीजिए। ये चकमे किसी और को दीजिएगा। यह किश्त!

मीर—आप भी अजीब आदमी हैं। यहां तो शहर पर आफत आयी हुई है और आपको किश्त ही सूझी है! कुछ इसकी भी खबर है कि शहर घिर गया, तो घर कैसे चलेंगे?

मिरजा—जब घर चलने का वक्त आएगा, तो देखा जायेगा—यह किश्त! बस, अब की शह में मात है।

फौज निकल गयी। दस बजे का समय था। फिर बाजी बिछ गई।

मिरजा बोले—आज खाने की कैसे ठहरेगी?

मीर—अजी, आज तो रोजा है। क्या आपको ज्यादा भूख मालूम होती है?

मिरजा—जी नहीं। शहर में न जाने क्या हो रहा है!

मीर—शहर में कुछ न हो रहा होगा। लोग खाना खा-खाकर आराम से सो रहे होंगे। हुजूर नवाब साहब भी ऐशगाह में होंगे।

दोनों सज्जन फिर जो खेलने बैठे, तो तीन बज गए। अब की मिरजाजी की बाजी कमजोर थी। चार का गजर बज ही रहा था कि फौज की वापसी की आहट मिली। नवाब वाजिदअली पकड़ लिए गए थे, और सेना उन्हें किसी अज्ञात स्थान को लिये जा रही थी। शहर में न कोई हलचल थी, न मार-काट। एक बूंद भी खून नहीं गिरा था। आज तक किसी स्वाधीन देश के राजा की पराजय इतनी

शान्ति से, इस तरह खून बहे बिना न हुई होगी। यह वह अहिंसा न थी, जिस पर देवगण प्रसन्न होते हैं। यह वह कायरपन था, जिस पर बड़े-बड़े कायर भी आंसू बहाते हैं। अवध के विशाल देश का नवाब बन्दी चला जाता था और लखनऊ ऐश की नींद में मस्त था। यह राजनीतिक अध:पतन की चरम सीमा थी।

मिरजा ने कहा—हुजूर नवाब साहब को जालिमों ने कैद कर लिया है।

मीर—होगा, यह लीजिए शह।

मिरजा—जनाब, जरा ठहरिए। इस वक्त इधर तबीयत नहीं लगती। बेचारे नवाब साहब इस वक्त खून के आंसू रो रहे होंगे।

मीर—रोया ही चाहें। यह ऐश वहां कहां नसीब होगा? यह किश्त!

मिरजा—किसी के दिन बराबर नहीं जाते। कितनी दर्दनाक हालत है।

मीर—हां; सो तो है ही—यह लो, फिर किश्त! बस, अब की किश्त में मात है, बच नहीं सकते।

मिरजा—खुदा की कसम, आप बड़े बेदर्द हैं। इतना बड़ा हादसा देखकर भी आपको दु:ख नहीं होता। हाय, गरीब वाजिदअली शाह!

मीर—पहले अपने बादशाह को तो बचाइए, फिर नवाब साहब का मातम कीजिएगा। यह किश्त और यह मात! लाना हाथ!

बादशाह को लिए हुए सेना सामने से निकल गयी। उनके जाते ही मिरजा ने फिर बाजी बिछा दी। हार की चोट बुरी होती है। मीर ने कहा—आइए, नवाब साहब के मातम में एक मरसिया कह डालें। लेकिन मिरजा की राजभक्ति अपनी हार के साथ लुप्त हो चुकी थी। वह हार का बदला चुकाने के लिए अधीर हो रहे थे।

❑❑

शाम हो गई। खंडहर में चमगादड़ों ने चीखना शुरू किया। अबाबीलें आ-आ कर अपने-अपने घोंसलों में चिमटीं। पर दोनों खिलाड़ी डटे हुए थे, मानो दो खून के प्यासे सूरमा आपस में लड़ रहे

हों। मिरजा जी तीन बाजियां लगातार हार चुके थे; इस चौथी बाजी का रंग भी अच्छा न था। वह बार-बार जीतने का दृढ़ निश्चय करके संभलकर खेलते थे, लेकिन एक-न-एक चाल ऐसी बेढब आ पड़ती थी, जिससे बाजी खराब हो जाती थी। हर बार हार के साथ प्रतिकार की भावना और भी उग्र होती जाती थी। उधर मीर साहब मारे उमंग के गजलें गाते थे, चुटकियां लेते थे, मानो कोई गुप्त धन पा गए हों। मिरजा जी सुन-सुन झुंझलाते और हार की झेंप मिटाने के लिए उनकी दाद देते थे। पर ज्यों-ज्यों बाजी कमजोर पड़ती थी, धैर्य हाथ से निकला जाता था। यहां तक कि वह बात-बात पर झुंझलाने लगे—जनाब, आप चाल बदला न कीजिए। यह क्या कि एक चाल चले, और फिर उसे बदल दिया। जो कुछ चलना हो, एक बार चल दीजिए; यह आप मुहरे पर हाथ क्यों रखते हैं? मुहरे को छोड़ दीजिए। जब तक आपको चाल न सूझे, मुहरा छुइए ही नहीं। आप एक-एक चाल आध घण्टे में चलते हैं। इसकी सनद नहीं। जिसे एक चाल चलने में पांच मिनट से ज्यादा लगे, उसकी मात समझी जाय। फिर आपने चाल बदली! चुपके से मुहरा वहीं रख दीजिए।

मीर साहब का फरजी पिटता था। बोले—मैंने चाल चली ही कब थी?

मिरजा—आप चाल चल चुके हैं। मुहरा वहीं रख दीजिए—उसी घर में!

मीर—उस घर में क्यों रखूं? मैंने हाथ से मुहरा छोड़ा ही कब था?

मिरजा—मुहरा आप कयामत तक न छोड़ें, तो क्या चाल ही न होगी? फरजी पिटते देखा तो धांधली करने लगे।

मीर—धांधली आप करते हैं। हार-जीत तकदीर से होती है; धांधली करने से कोई नहीं जीतता।

मिरजा—तो इस बाजी में तो आपकी मात हो गई।

मीर—मुझे क्यों मात होने लगी?

मिरजा—तो आप मुहरा उसी घर में रख दीजिए, जहां पहले रक्खा था।

मीर—वहां क्यों रखूं ? नहीं रखता।

मिरजा—क्यों न रखिएगा ? आपको रखना होगा।

तकरार बढ़ने लगी। दोनों अपनी-अपनी टेक पर अड़े थे। न यह दबता था, न वह। अप्रासंगिक बातें होने लगीं। मिरजा बोले—किसी ने खानदान में शतरंज खेली होती, तब तो इसके कायदे जानते। वे तो हमेशा घास छीला किए, आप शतरंज क्या खेलिएगा। रियासत और ही चीज है। जागीर मिल जाने से ही कोई रईस नहीं हो जाता।

मीर—क्या ! घास आपके अब्बाजान छीलते होंगे। यहां तो पीढ़ियों से शतरंज खेलते चले आ रहे हैं।

मिरजा—अजी, जाइए भी, गाजीउद्दीन हैदर के यहां बावरची का काम करते-करते उम्र गुजर गई, आज रईस बनने चले हैं। रईस बनना कुछ दिल्लगी नहीं है।

मीर—क्यों अपने बुजुर्गों के मुंह में कालिख लगाते हो—वे ही बावरची का काम करते होंगे। यहां तो हमेशा बादशाह के दस्तरख्वान पर खाना खाते चले आये हैं।

मिरजा—अरे चल चरकटे, बहुत बढ़-बढ़कर बातें न कर।

मीर—जबान संभालिए, वरना बुरा होगा। मैं ऐसी बातें सुनने का आदी नहीं हूं। यहां तो किसी ने आंखें दिखायीं कि उसकी आंखें निकालीं। है हौसला ?

मिरजा—आप मेरा हौसला देखना चाहते हैं, तो फिर, आइए। आज दो-दो हाथ हो जाये, इधर या उधर।

मीर—तो यहां तुमसे दबने वाला कौन ?

दोनों दोस्तों ने कमर से तलवारें निकाल लीं। नवाबी जमाना था; सभी तलवार, पेशकब्ज, कटार वगैरह बांधते थे। दोनों विलासी थे, पर कायर न थे। उनमें राजनीतिक भावों का अध:पतन हो गया था—बादशाह के लिए, बादशाहत के लिए क्यों मरें; पर व्यक्तिगत वीरता का अभाव न था। दोनों ने पैतरे बदले, तलवारें चमकीं, छपाछप की आवाजें आयीं। दोनों जख्म खाकर गिरे, और दोनों ने वहीं तड़प-

तड़पकर जानें दे दीं। अपने बादशाह के लिए जिनकी आंखों से एक बूंद आंसू न निकला, उन्हीं दोनों प्राणियों ने शतरंज के वजीर की रक्षा में प्राण दे दिये।

अंधेरा हो चला था। बाजी बिछी हुई थी। दोनों बादशाह अपने-अपने सिंहासनों पर बैठे हुए मानो इन दोनों वीरों की मृत्यु पर रो रहे थे!

चारों तरफ सन्नाटा छाया हुआ था। खंडहर की टूटी हुई मेहराबें, गिरी हुई दीवारें और धूलि-धूसरित मीनारें इन लाशों को देखतीं और सिर धुनती थीं।

●●●

खुदाई फौजदार

सेठ नानकचन्द को आज फिर वही लिफाफा मिला और वही लिखावट सामने आयी तो उनका चेहरा पीला पड़ गया। लिफाफा खोलते हुए हाथ और हृदय दोनों कांपने लगे। खत में क्या है, यह उन्हें खूब मालूम था। इसी तरह के दो खत पहले पा चुके थे। इस तीसरे खत में भी वही धमकियां हैं, इसमें उन्हें सन्देह न था। पत्र हाथ में लिए हुए आकाश की ओर ताकने लगे। वह दिल के मजबूत आदमी थे, धमकियों से डरना उन्होंने न सीखा था, मुर्दों से भी अपनी रकम वसूल कर लेते थे। दया या उपकार जैसी मानवीय दुर्बलताएं उन्हें छू भी न गयी थीं, नहीं तो महाजन ही कैसे बनते! उस पर धर्मनिष्ठ भी थे। हर पूर्णमासी को सत्यनारायण की कथा सुनते थे। हर मंगल को महाबीरजी को लड्डू चढ़ाते थे, नित्य-प्रति जमुना में स्नान करते थे और हर एकादशी को व्रत रखते और ब्राह्मणों को भोजन कराते थे और इधर जब से घी में करारा नफा होने लगा था, एक धर्मशाला बनवाने की फिक्र में थे। जमीन ठीक कर ली थी। उनके असामियों में सैकड़ों ही थवई और बेलदार थे, जो केवल सूद में काम करने को तैयार थे। इन्तजार यही था कि कोई ईंट और चूने वाला फंस जाय और दस-बीस हजार का दस्तावेज लिखा ले, तो सूद में ईंट और चूना भी मिल जाय। इस धर्मनिष्ठा ने उनकी आत्मा को और भी शक्ति प्रदान कर दी थी। देवताओं के आशीर्वाद और प्रताप से उन्हें कभी किसी सौदे में घाटा नहीं हुआ और भीषण परिस्थितियों में भी वह स्थिरचित्त रहने के आदी थे; किन्तु जब से यह धमकियों से भरे हुए पत्र मिलने लगे थे, उन्हें बरबस तरह-तरह की शंकाएं व्यथित करने लगी थीं। कहीं सचमुच डाकुओं ने छापा मारा, तो कौन

उनकी सहायता करेगा ? दैवी बाधाओं में तो देवताओं की सहायता पर वह तकिया कर सकते थे, पर सिर पर लटकती हुई इस तलवार के सामने वह श्रद्धा कुछ काम न देती थी। रात को उनके द्वार पर केवल एक चौकीदार रहता है। अगर दस-बीस हथियारबन्द आदमी आ जायें, तो वह अकेला क्या कर सकता है ? शायद उनकी आहट पाते ही भाग खड़ा हो। पड़ोसियों में ऐसा कोई नज़र न आता था, जो इस संकट में काम आवे। यद्यपि सभी उनके असामी थे या रह चुके थे। लेकिन यह एहसान-फरामोशों का सम्प्रदाय है, जिस पत्तल में खाता है, उसी में छेद करता है; जिसके द्वार पर अवसर पड़ने पर नाक रगड़ता है, उसी का दुश्मन हो जाता है। इनसे कोई आशा नहीं। हां, किवाड़ें सुदृढ़ हैं; उन्हें तोड़ना आसान नहीं, फिर अन्दर का दरवाजा भी तो है। सौ आदमी लग जायें तो हिलाये न हिले। और किसी ओर से हमले का खटका नहीं। इतनी ऊंची सपाट दीवार पर कोई क्या खा के चढ़ेगा ? फिर उनके पास रायफलें भी तो हैं। एक रायफल से वह दर्जनों आदमियों को भूनकर रख देंगे। मगर इतने प्रतिबन्धों के होते हुए भी उनके मन में एक हूक-सी समायी रहती थी। कौन जाने चौकीदार भी उन्हीं में मिल गया हो, खिदमतगार भी आस्तीन के सांप हो गये हों ! इसलिये वह अब बहुधा अन्दर ही रहते थे। और जब तक मिलने वालों का पता-ठिकाना न पूछ लें, उनसे मिलते न थे। फिर भी दो-चार घंटे तो चौपाल में बैठना ही पड़ता था; नहीं तो सारा कारोबार मिट्टी में न मिल जाता ! जितनी देर बाहर रहते थे, उनके प्राण जैसे सूली पर टंगे रहते थे। उधर उनके मिज़ाज में बड़ी तब्दीली हो गयी थी। इतने विनम्र और मिष्टभाषी वह कभी न थे। गालियां तो क्या, किसी से तू-तकार भी न करते। सूद की दर भी कुछ घटा दी थी; लेकिन फिर भी चित्त को शान्ति न मिलती थी। आखिर कई मिनट तक दिल को मजबूत करने के बाद उन्होंने पत्र खोला, और जैसे गोली लग गयी। सिर में चक्कर आ गया और सारी चीजें नाचती हुई मालूम हुईं। सांस फूलने लगी, आंखें फैल गयीं। लिखा था, तुमने हमारे दोनों पत्रों पर कुछ भी ध्यान न दिया। शायद तुम समझते होगे कि पुलिस तुम्हारी रक्षा करेगी; लेकिन यह तुम्हारा भ्रम है। पुलिस

उस वक्त आयेगी, जब हम अपना काम करके सौ कोस निकल गये होंगे। तुम्हारी अक्ल पर पत्थर पड़ गया है, इसमें हमारा कोई दोष नहीं। हम तुमसे सिर्फ 25 हजार रुपये मांगते हैं। इतने रुपये दे देना तुम्हारे लिये कुछ भी मुश्किल नहीं। हमें पता है कि तुम्हारे पास एक लाख की मोहरें रखी हुई हैं; लेकिन विनाशकाले विपरीत बुद्धि; अब हम तुम्हें और ज्यादा न समझायेंगे। तुमको समझाने की चेष्टा करना ही व्यर्थ है। आज शाम तक अगर रुपये न आ गये, तो रात को तुम्हारे ऊपर धावा होगा। अपनी हिफाजत के लिए जिसे बुलाना चाहो, बुला लो, जितने आदमी और हथियार जमा करना चाहो, जमा कर लो। हम ललकार कर आयेंगे और दिनदहाड़े आयेंगे। हम चोर नहीं हैं, हम वीर हैं और हमारा विश्वास बाहुबल में है। हम जानते हैं कि लक्ष्मी उसी के गले में जयमाल डालती है, जो धनुष तोड़ सकता है, मछली को वेध सकता है। यदि.......... ।

सेठजी ने तुरन्त बही-खाते बन्द कर दिये और रोकड़ संभालकर तिजोरी में रख दिया और सामने का द्वार भीतर से बन्द करके मरे हुए से केसर के पास आकर बोले—आज फिर वही खत आया, केसर! अब आज ही आ रहे हैं।

केसर दोहरे बदन की स्त्री थी, यौवन बीत जाने पर भी युवती, शौक-सिंगार में लिप्त रहने वाली, उस फलहीन वृक्ष की तरह, जो पतझड़ में भी हरी-भरी पत्तियों से लदा रहता है। सन्तान की विफल कामना में जीवन का बड़ा भाग बिता चुकने के बाद, अब उसे अपनी संचित माया को भोगने की धुन सवार रहती थी। मालूम नहीं, कब आंखें बन्द हो जायें, फिर वह थाती किसके हाथ लगेगी, कौन जाने? इसलिये उसे सबसे अधिक भय बीमारी का था, जिसे वह मौत का पैगाम समझती थी और नित्य ही कोई-न-कोई दवा खाती रहती थी। काया के इस वस्त्र को उस समय तक उतारना न चाहती थी, जब तक उसमें एक तार भी बाक़ी रहे। बाल-बच्चे होते तो वह मृत्यु का स्वागत करती, लेकिन अब तो उसके जीवन ही के साथ अन्त था, फिर क्यों न वह अधिक-से-अधिक समय तक जिये। हां, वह जीवन

निरानन्द अवश्य था, उस मधुर ग्रास की भांति, जिसे हम इसलिये खा जाते हैं कि रखे-रखे सड़ जायेगा।

उसने घबड़ाकर कहा—मैं तुमसे कब से कह रही हूं कि दो-चार महीनों के लिये यहां से कहीं भाग चलो, लेकिन तुम सुनते ही नहीं। आखिर क्या करने पर तुले हुए हो?

सेठजी सशंक तो थे और यह स्वाभाविक था—ऐसी दशा में कौन शान्त रह सकता था—लेकिन वह कायर नहीं थे। उन्हें अब भी विश्वास था कि अगर कोई संकट आ पड़े, तो वह पीछे कदम न हटायेंगे। जो कुछ कमजोरी आ गयी थी, वह संकट को सिर पर मंडराते देखकर भाग गयी थी। हिरन भी तो भागने की राह न पाकर शिकारी पर चोट कर बैठता है। कभी-कभी नहीं, अक्सर संकट पड़ने पर ही आदमी के जौहर खुलते हैं। इतनी देर में सेठजी ने एक तरह से भावी विपत्ति का सामना करने का पक्का इरादा कर लिया था। डर क्यों, जो कुछ होना है, वह होकर रहेगा। अपनी रक्षा करना हमारा कर्तव्य है, मरना-जीना विधि के हाथ में है। सेठानीजी को दिलासा देते हुए बोले—तुम नाहक इतना डरती हो केसर, आखिर वे सब भी तो आदमी हैं, अपनी जान का मोह उन्हें भी है, नहीं तो यह कुकर्म ही क्यों करते? मैं खिड़की की आड़ से दस-बीस आदमियों को गिरा सकता हूं। पुलिस को इत्तला देने भी जा रहा हूं। पुलिस का कर्तव्य है कि हमारी रक्षा करे। हम दस हजार सालाना टैक्स देते हैं, किसलिए? मैं अभी दरोगाजी के पास जाता हूं। जब सरकार हमसे टैक्स लेती है, तो हमारी मदद करना उसका धर्म हो जाता है।

राजनीति का यह तत्व उसकी समझ में नहीं आया। वह तो किसी तरह उस भय से मुक्त होना चाहती थी, जो उसके दिल में सांप की भांति बैठा फुफकार रहा था। पुलिस का उसे जो अनुभव था, उससे चित्त को सन्तोष न होता था। बोली—पुलिस वालों को बहुत देख चुकी। वारदात के समय तो उनकी सूरत नहीं दिखाई देती। जब वारदात हो चुकती है, तब अलबत्ता शान के साथ आकर रोब जमाने लगते हैं।

'पुलिस तो सरकार का राज चला रही है। तुम क्या जानो?'
'मैं तो कहती हूं, यों अगर कल वारदात होने वाली होगी, तो

पुलिस को खबर देने से आज ही हो जायेगी। लूट के माल में इनका भी साझा होता है।'

'जानता हूं, देख चुका हूं और रोज देखता हूं; लेकिन मैं सरकार को दस हजार का सालाना टैक्स देता हूं। पुलिस वालों का आदर-सत्कार भी करता रहता हूं। अभी जाड़ों में सुपरिंटेंडेंट साहब आये थे, तो मैंने कितनी रसद पहुंचायी थी। एक पूरा कनस्तर घी और एक शक्कर की पूरी बोरी भेज दी थी। यह सब खिलाना-पिलाना किस दिन काम आयेगा। हां, आदमी को सोलहो आने दूसरों के भरोसे न बैठना चाहिए; इसलिए मैंने सोचा है, तुम्हें भी बन्दूक चलाना सिखा दूं ? हम दोनों बन्दूकें छोड़ना शुरू करेंगे, तो डाकुओं की क्या मजाल है कि अन्दर कदम रख सकें ?'

प्रस्ताव हास्यजनक था। केसर ने मुस्कराकर कहा—हां और क्या, अब आज मैं बन्दूक चलाना सीखूंगी ! तुमको जब देखो, हंसी ही सूझती है।

'इसमें हंसी की क्या बात है ? आजकल तो औरतों की फौजें बन रही हैं। सिपाहियों की तरह औरतें भी कवायद करती हैं, बन्दूक चलाती हैं, मैदानों में खेलती हैं। औरतों के घर में बैठने का जमाना अब नहीं है।'

'विलायत की औरतें बन्दूक चलाती होंगी, यहां की औरतें क्या चलायेंगी। हां, हाथ भर की जबान चाहे चला लें।'

'यहां की औरतों ने बहादुरी के जो-जो काम किये हैं, उनसे इतिहास के पन्ने भरे पड़े हैं। आज दुनिया उन वृत्तान्तों को पढ़कर चकित हो जाती है।'

'पुराने जमाने की बातें छोड़ो। तब औरतें बहादुर रही होंगी। आज कौन बहादुरी कर रही हैं ?'

'वाह ! अभी हजारों औरतें घर-बार छोड़कर हंसते-हंसते जेल चली गयीं। यह बहादुरी नहीं थी ? अभी पंजाब में हरनाद कुंवर ने अकेले चार सशस्त्र डाकुओं को गिरफ्तार किया और लाट साहब तक ने उसकी प्रशंसा की।'

'क्या जाने वे कैसी औरतें हैं। मैं तो डाकुओं को देखते ही चक्कर खाकर गिर पड़ूंगी।'

उसी वक्त नौकर ने आकर कहा—सरकार, थाने से चार कानिस्टिबिल आये हैं। आपको बुला रहे हैं।

सेठजी प्रसन्न होकर बोले—'थानेदार भी हैं?'

'नहीं सरकार, अकेले कानिस्टिबिल हैं।'

'थानेदार क्यों नहीं आया?'—यह कहते हुए सेठजी ने पान खाया और बाहर निकले।

❑❑

सेठजी को देखते ही चारों कानिस्टिबिलों ने झुककर सलाम किया, बिलकुल अंगरेज़ी कायदे से, मानो अपने किसी अफ़सर को सैल्यूट कर रहे हों। सेठजी ने उन्हें बेंचों पर बैठाया और बोले—दरोगाजी का मिज़ाज तो अच्छा है? मैं तो उनके पास आने वाला था।

चारों में जो सबसे प्रौढ़ था, जिसकी आस्तीन पर कई बिल्ले लगे हुए थे, बोला—आप क्यों तकलीफ करते हैं, वह तो खुद ही आ रहे थे, पर एक बड़ी ज़रूरी तहकीकात आ गयी, इससे रुक गये। कल आपसे मिलेंगे। जब से यहां डाकुओं की खबरें आयी हैं, बेचारे बहुत घबराये हुए हैं। आपकी तरफ हमेशा उनका ध्यान रहता है। कई बार कह चुके हैं कि मुझे सबसे ज्यादा फिकर सेठजी की है। गुमनाम खत तो आपके पास भी आये होंगे?

सेठजी ने लापरवाही दिखाकर कहा—अजी, ऐसी चिट्ठियां आती ही रहती हैं, इनकी कौन परवाह करता है। मेरे पास तो तीन खत आ चुके हैं, मैंने किसी से जिक्र भी नहीं किया।

कानिस्टिबिल हंसा—दरोगाजी को खबर मिली थी।

'सच!'

'हां, साहब? रत्ती-रत्ती खबर मिलती रहती है। यहां तक मालूम हुआ है कि कल आपके मकान पर उनका धावा होने वाला है। जभी तो आज दरोगाजी ने मुझे आपकी खिदमत में भेजा।'

'मगर वहां कैसे खबर पहुंची? मैंने तो किसी से कहा ही नहीं।'

कानिस्टिबिल ने रहस्यमय भाव से कहा—हुजूर, यह न पूछें।

इलाके के सबसे बड़े सेठ के पास ऐसे खत आयें और पुलिस को खबर न हो! भला, कोई बात है। फिर ऊपर से बराबर ताकीद आती रहती है कि सेठजी को शिकायत का कोई मौका न दिया जाय। सुपरिण्टेण्डेण्ट साहब की खास ताकीद है आपके लिए। और हुजूर, सरकार भी तो आप ही के बूते पर चलती है। सेठ-साहूकारों के जान-माल की हिफाजत न करे, तो रहे कहां? हमारे होते मजाल है कि कोई आपकी तरफ तिरछी आंखों से देख सके; मगर यह कम्बख्त डाकू इतने दिलेर और तादाद में इतने ज्यादा हैं कि थाने के बाहर उनसे मुकाबिला करना मुश्किल है। दरोगाजी गारद मंगाने की बात सोच रहे थे; मगर ये हत्यारे कहीं एक जगह तो रहते नहीं, आज यहां हैं, तो कल यहां से दो सौ कोस पर। गारद मंगाकर ही क्या किया जाय? इलाके की रिआया की तो हमें ज्यादा फिक्र नहीं, हुजूर मालिक हैं, आपसे क्या छिपायें, किसके पास रखा है इतना माल-असबाब! और अगर किसी के पास दो-चार सौ की पूंजी निकल ही आयी तो उसके लिए पुलिस डाकुओं के पीछे अपनी जान हथेली पर लिये न फिरेगा। उन्हें क्या, वह तो छूटते ही गोली चलाते हैं और अक्सर छिपकर। हमारे लिए तो हजार बन्दिशें हैं। कोई बात बिगड़ जाय तो उलटे अपनी ही जान आफत में फंस जाय। हमें तो ऐसे रास्ते चलना है कि सांप मरे और लाठी न टूटे, इसलिए दरोगाजी ने आपसे यह अर्ज करने को कहा है कि आपके पास जोखिम की जो चीज़ें हों, उन्हें लाकर सरकारी खजाने में जमा कर दीजिये। आपको उसकी रसीद दे दी जायेगी। ताला और मुहर आप ही की रहेगी। जब यह हंगामा ठण्डा हो जाय तो मंगवा लीजिएगा। इससे आपको भी बेफिक्री हो जायेगी और हम भी जिम्मेदारी से बच जायेंगे। नहीं खुदा न करे, कोई वारदात हो जाय, तो हुजूर को तो जो नुकसान हो वह तो हो ही हमारे ऊपर भी जवाबदेही आ जाय। और यह जालिम सिर्फ माल-असबाब लेकर ही तो जान नहीं छोड़ते—खून करते हैं, घर में आग लगा देते हैं, यहां तक कि औरतों की बेइज्जती भी करते हैं। हुजूर तो

जानते हैं, होता है वही जो तकदीर में लिखा है। आप इकबाल वाले आदमी हैं, डाकू आपका कुछ नहीं बिगाड़ सकते। सारा कस्बा आपके लिए जान देने को तैयार है। आपका पूजा-पाठ, धर्म-कर्म खुदा खुद देख रहा है। यह उसी की बरकत है कि आप मिट्टी भी छू लें, तो सोना हो जाय; लेकिन आदमी भरसक अपनी हिफाजत करता है। हुजूर के पास मोटर है ही, जो कुछ रखना हो, उस पर रख दीजिए। हम चार आदमी आपके साथ हैं, कोई खटका नहीं। वहां एक मिनट में आपको फुरसत हो जायेगी। पता चला है कि इस गोल में बीस जवान हैं। दो तो बैरागी बने हुए हैं, दो पंजाबियों के भेस में धुस्से और अलवान बेचते फिरते हैं। इन दोनों के साथ दो बहंगी वाले भी हैं। दो आदमी बलूचियों के भेस में छुरियां और ताले बेचते हैं। कहां तक गिनाऊं, हुजूर! हमारे थाने में तो हर एक का हुलिया रखा हुआ है।

खतरे में आदमी का दिल कमजोर हो जाता है और वह ऐसी बातों पर विश्वास कर लेता है, जिन पर शायद होश-हवास में न करता। जब किसी दवा से रोगी को लाभ नहीं होता, तो हम दुआ, तावीज, ओझों और सयानों की शरण लेते हैं और वहां तो सन्देह करने का कोई कारण ही न था। सम्भव है, दरोगाजी का कुछ स्वार्थ हो, मगर सेठजी इसके लिए तैयार थे। अगर दो-चार सौ बल खाने पड़ें, तो कोई बड़ी बात नहीं। ऐसे अवसर तो जीवन में आते ही रहते हैं और इस परिस्थिति में इससे अच्छा दूसरा क्या इन्तजाम हो सकता था; बल्कि इसे तो ईश्वरीय प्रेरणा समझना चाहिए। माना, उनके पास दो-दो बन्दूकें हैं, कुछ लोग मदद करने के लिए निकल ही आयेंगे, लेकिन है जान जोखिम। उन्होंने निश्चय किया, दरोगाजी की इस कृपा से लाभ उठाना चाहिए। इन्हीं आदमियों को कुछ दे-दिलाकर सारी चीज़ें निकलवा लेंगे। दूसरों का क्या भरोसा? कहीं कोई चीज़ उड़ा दें तो बस?

उन्होंने इस भाव से कहा, मानो दरोगाजी ने उन पर कोई विशेष कृपा नहीं की है; वह तो उनका कर्तव्य ही था—मैंने यहां ऐसा प्रबन्ध

किया था कि यहां वह सब आते तो उनके दांत खट्टे कर दिये जाते। सारा कस्बा मदद के लिए तैयार था। सभी से तो अपना मित्र–भाव है, लेकिन दरोगाजी की तजवीज मुझे पसन्द है। इससे वह भी अपनी जिम्मेदारी से बरी हो जाते हैं और मेरे सिर से भी फिक्र का बोझ उतर जाता है, लेकिन भीतर से चीज़ें बाहर निकाल–निकालकर लाना मेरे बूते की बात नहीं। आप लोगों की दुआ से नौकर–चाकरों की तो कमी नहीं है, मगर किसकी नीयत कैसी है, कौन जान सकता है? आप लोग कुछ मदद करें तो काम आसान हो जाय।

हेड कानिस्टिबल ने बड़ी खुशी से यह सेवा स्वीकार कर ली और बोला—हम सब हुजूर के ताबेदार हैं, इसमें मदद की कौन–सी बात है? तलब सरकार से पाते हैं, यह ठीक है; मगर देने वाले तो आप ही हैं। आप केवल सामान हमें दिखाते जायें, हम बात–की–बात में सारी चीज़ें निकाल लायेंगे। हुजूर की खिदमत करेंगे तो कुछ इनाम–इकराम मिलेगा ही। तनख्वाह में गुजर नहीं होता सेठजी, आप लोगों की रहम की निगाह न हो, तो एक दिन भी निबाह न हो। बाल–बच्चे भूखों मर जायें। पन्द्रह–बीस रुपये में क्या होता है हुजूर, इतना तो हमारे लिए ही पूरा नहीं पड़ता।

सेठजी ने अन्दर जाकर केसर से यह समाचार कहा तो उसे जैसे आंखें मिल गयीं। बोली—भगवान् ने सहायता की, नहीं मेरे प्राण संकट में पड़े हुए थे।

सेठजी ने सर्वज्ञता के भाव से फरमाया—इसी को कहते हैं सरकार का इंतजाम! इसी मुस्तैदी के बल पर सरकार का राज थमा हुआ है। कैसी सुव्यवस्था है कि ज़रा–सी कोई बात हो, वहां तक खबर पहुंच जाती है और तुरन्त उसके रोकथाम का हुक्म हो जाता है। और यहां वाले ऐसे बुद्धू हैं कि स्वराज्य–स्वराज्य चिल्ला रहे हैं। इनके हाथ में अख्तियार आ जाय तो दिन–दोपहर लूट मच जाय, कोई किसी की न सुने। ऊपर से ताकीद आयी है। हाकिमों का आदर–सत्कार कभी निष्फल नहीं जाता। मैं तो सोचता हूं, कोई बहुमूल्य वस्तु घर में न छोड़ूं। साले आयें तो अपना–सा मुंह लेकर रह जायें।

केसर ने मन-ही-मन प्रसन्न होकर कहा—कुंजी उनके सामने फेंक देना कि जो चीज़ चाहो निकाल ले जाओ।

'साले झेंप जायेंगे।'

'मुंह में कालिख लग जायेगी।'

'घमण्ड तो देखो कि तिथि तक बता दी। यह नहीं समझे कि अंग्रेज़ी सरकार का राज है। तुम डाल-डाल चलो, तो वह पात-पात चलते हैं।'

'समझे होंगे कि धमकी में आ जायेंगे।'

तीन कानिस्टिबिलों ने आकर सन्दूकचे और सेफ निकालने शुरू किये। एक बाहर सामान को मोटर पर लाद रहा था और हरेक चीज़ को नोटबुक पर टांकता जाता था। आभूषण, मुहरें, नोट, रुपये, कीमती कपड़े, साड़ियां, लहंगे, शाल-दुशाले, सब कार में रख दिये। मामूली बरतन, लोहे-लकड़ी के सामान, फर्श आदि के सिवा घर में और कुछ न बचा। और डाकुओं के लिए ये चीज़ें कौड़ी की भी नहीं। केसर का सिंगारदान खुद सेठजी लाये और हेड के हाथ में देकर बोले—इसे बड़ी हिफाजत से रखना, भाई!

हेड ने सिंगारदान लेकर कहा—मेरे लिए एक-एक तिनका इतना ही कीमती है।

सेठजी के मन में एक सन्देह उठा। पूछा—खजाने की कुंजी तो मेरे ही पास रहेगी?

'और क्या, यह तो मैं पहले ही अर्ज कर चुका; मगर यह सवाल आपके दिल में क्यों पैदा हुआ?'

'यों ही, पूछा था'—सेठजी लज्जित हो गये।

'नहीं, अगर आपके दिल में कुछ शुबहा हो, तो हम लोग यहां भी आपकी खिदमत के लिए हाजिर हैं। हां, हम जिम्मेदार न होंगे।'

'अजी नहीं हेड साहब, मैंने यों ही पूछ लिया था। यह फिहरिस्त तो मुझे दे दोगे न?'

'फिहरिस्त आपको थाने में दरोगाजी के दस्तखत से मिलेगी। इसका क्या एतबार?'

कार पर सारा सामान रख दिया गया। कस्बे के सैकड़ों आदमी

तमाशा देख रहे थे। कार बड़ी थी, पर ठसाठस भरी हुई थी। बड़ी मुश्किल से सेठजी के लिए जगह निकली। चारों कानिस्टिबिल आगे की सीट पर सिमटकर बैठे।

कार चली। केसर द्वार पर इस तरह खड़ी थी, मानो उसकी बेटी विदा हो रही हो। बेटी ससुराल जा रही है, जहां वह मालकिन बनेगी; लेकिन उसका घर सूना किये जा रही है।

◻◻

थाना यहां से पांच मील पर था। कस्बे से बाहर निकलते ही पहाड़ों का पथरीला सन्नाटा था, जिसके दामन में हरा-भरा मैदान था और इसी मैदान के बीच में लाल मोरम की सड़क चक्कर खाती हुई लाल सांप-जैसी निकल गयी थी।

हेड ने सेठजी से पूछा—यह कहां तक सही है सेठजी, कि आज से पच्चीस साल पहले आपके बाप केवल लोटा-डोर लेकर यहां खाली हाथ आये थे?

सेठजी ने गर्व करते हुए कहा—'बिलकुल सही है। मेरे पास कुल तीन रुपये थे। उसी से आटे-दाल की दुकान खोली थी। तकदीर का खेल है, भगवान् की दया चाहिए, आदमी के बनते-बिगड़ते देर नहीं लगती। लेकिन मैंने कभी पैसे को दांतों से नहीं पकड़ा। यथाशक्ति धर्म का पालन करता गया। धन की शोभा धर्म ही से है, नहीं तो धन से कोई फायदा नहीं।'

'आप बिलकुल ठीक कहते हैं सेठजी! आपकी मूरत बनाकर पूजना चाहिए। तीन रुपये से लाख कमा लेना मामूली काम नहीं है!'

'आधी रात तक सिर उठाने की फुरसत नहीं मिलती, खां साहब!'

'आपको तो यह सब कारोबार जंजाल-सा लगता होगा।'

'जंजाल तो है ही, मगर भगवान् की ऐसी माया है कि आदमी सब कुछ समझकर भी इसमें फंस जाता है और सारी उम्र फंसा रहता है। मौत आ जाती है, तभी छुट्टी मिलती है बस, यही अभिलाषा है कि कुछ यादगार छोड़ जाऊं।'

'आपके कोई औलाद हुई ही नहीं?'

'भाग्य में न थी खां साहब, और क्या कहूं! जिनके घर में भूनी

भांग नहीं है, उनके यहां घास-फूस की तरह बच्चे-ही-बच्चे देख लो, जिन्हें भगवान् ने खाने को दिया है, वे सन्तान का मुंह देखने को तरसते हैं।'

'आप बिलकुल ठीक कहते हैं, सेठजी! ज़िन्दगी का मजा सन्तान से है। जिसके आगे अंधेरा है, उसके लिए धन-दौलत किस काम का?'

'ईश्वर की यही इच्छा है तो आदमी क्या करे। मेरा बस चलता, तो मायाजाल से निकल भागता खां साहब, एक क्षण-भर यहां न रहता, कहीं तीर्थस्थान में बैठकर भगवान् का भजन करता। मगर करूं क्या? मायाजाल तोड़े नहीं टूटता।'

'एक बार दिल मजबूत करके तोड़ क्यों नहीं देते? सब उठाकर गरीबों को बांट दीजिए। साधु-सन्तों को नहीं, न मोटे ब्राह्मणों को बल्कि उनको, जिनके लिए यह ज़िन्दगी बोझ हो रही है, जिसकी यही एक आरजू है कि मौत आकर उनकी विपत्ति का अन्त कर दे।'

'इस मायाजाल को तोड़ना आदमी का काम नहीं है, खां साहब! भगवान् की इच्छा होती है, तभी मन में वैराग्य आता है।'

'आज भगवान् ने आपके ऊपर दया की है। हम इस मायाजाल को मकड़ी के जाले की तरह तोड़कर आपको आजाद करने के लिए भेजे गये हैं। भगवान् आपकी भक्ति से प्रसन्न हो गये हैं और आपको इस बन्धन में नहीं रखना चाहते, जीवन-मुक्त कर देना चाहते हैं।'

'ऐसी भगवान् की दया हो जाती, तो क्या पूछना खां साहब!'

'भगवान् की ऐसी ही दया है सेठजी, विश्वास मानिए। हमें इसीलिए उन्होंने मृत्युलोक में तैनात किया है। हम कितने ही मायाजाल के कैदियों की बेड़ियां काट चुके हैं। आज आपकी बारी है।'

सेठजी की नाड़ियों में जैसे रक्त का प्रवाह बन्द हो गया। सहमी हुई आंखों से सिपाहियों को देखा। फिर बोले—आप बड़े हंसोड़ हो, खां साहब?

'हमारे जीवन का सिद्धान्त है कि किसी को कष्ट मत दो; लेकिन ये रुपये वाले कुछ ऐसी औंधी खोपड़ी के लोग हैं कि जो उनका उद्धार करने आता है, उसी के दुश्मन हो जाते हैं। हम आपकी बेड़ियां

काटने आये हैं, लेकिन अगर आपसे कहें कि यह सब जमा-जथा और लता-पता छोड़कर घर की राह लीजिए, तो आप चीखना-चिल्लाना शुरू कर देंगे। हम लोग वही खुदाई फौजदार हैं, जिनके इत्तलाई खत आपके पास पहुंच चुके हैं।'

सेठजी मानो आकाश से पाताल में गिर पड़े। सारी ज्ञानेन्द्रियों ने जवाब दे दिया और इसी मूर्च्छा की दशा में वह मोटरकार से नीचे ढकेल दिये गये और गाड़ी चल पड़ी।

सेठजी की चेष्टा जाग पड़ी। बदहवास गाड़ी के पीछे दौड़े—हुजूर, सरकार, तबाह हो जायेंगे, दया कीजिए, घर में एक कौड़ी भी नहीं है.......... ।

हेड साहब ने खिड़की से बाहर हाथ निकाला और तीन रुपये जमीन पर फेंक दिये। मोटर की चाल तेज हो गयी।

सेठजी सिर पकड़कर बैठ गये और विक्षिप्त नेत्रों से मोटरकार को देखा, जैसे कोई शव स्वर्गारोही प्राण को देखे। उनके जीवन का स्वप्न उड़ा चला जा रहा था।

अलग्योझा

भोला महतो ने पहली स्त्री के मर जाने के बाद दूसरी सगाई की तो उसके लड़के रग्घू के लिए बुरे दिन आ गये। रग्घू की उम्र उस समय केवल दस वर्ष की थी। चैन से गांव में गुल्ली-डंडा खेलता फिरता था। मां के आते ही चक्की में जुतना पड़ा। पन्ना रूपवती स्त्री थी और रूप और गर्व में चोली-दामन का नाता है। वह अपने हाथों से कोई मोटा काम न करती। गोबर रग्घू निकालता, बैलों को सानी रग्घू देता। रग्घू ही जूठे बरतन मांजता। भोला की आंखें कुछ ऐसी फिरीं कि उसे अब रग्घू में सब बुराइयां-ही बुराइयां नजर आतीं। पन्ना की बातों को वह प्राचीन मर्यादानुसार आंखें बन्द करके मान लेता था। रग्घू की शिकायतों की जरा भी परवाह न करता। नतीजा यह हुआ कि रग्घू ने शिकायत करना छोड़ दिया। किसके सामने रोये? बाप ही नहीं, सारा गांव उसका दुश्मन था। बड़ा जिद्दी लड़का है, पन्ना को तो कुछ समझता ही नहीं; बेचारी उसका दुलार करती है, खिलाती-पिलाती है। यह उसी का फल है। दूसरी औरत होती, तो निबाह न होता। वह तो कहो, पन्ना इतनी सीधी-सादी है कि निबाह होता जाता है। सबल की शिकायतें सब सुनते हैं, निर्बल की फरियाद भी कोई नहीं सुनता। रग्घू का हृदय मां की ओर से दिन-दिन फटता जाता था। यहां तक कि आठ साल गुजर गये। और एक दिन भोला के नाम मृत्यु का सन्देशा आ पहुंचा।

पन्ना के चार बच्चे थे—तीन बेटे और एक बेटी। इतना बड़ा खर्च और कमाने वाला कोई नहीं। रग्घू अब क्यों बात पूछने लगा। यह मानी हुई बात थी। अपनी स्त्री लायेगा और अलग रहेगा। स्त्री आकर

और भी आग लगायेगी। पन्ना के चारों ओर अंधेरा-ही-अंधेरा दिखाई देता था। पर कुछ भी हो, वह रग्घू की आसरैत बनकर घर में न रहेगी। जिस घर में उसने राज किया, उसमें अब लौंडी न बनेगी। जिस लौंडे को अपना गुलाम समझा, उसका मुंह न ताकेगी। वह सुन्दर थी, अवस्था भी कुछ ऐसी ज्यादा न थी। जवानी अपनी पूरी बहार पर थी। क्या वह कोई दूसरा घर नहीं कर सकती? यही न होगा, लोग हंसेंगे। बला से! उसकी बिरादरी में क्या ऐसा होता नहीं। ब्राह्मण-ठाकुर थोड़े ही थी कि नाक कट जायेगी यह तो ऊंची जातों में होता है कि घर में चाहे जो कुछ करो, बाहर परदा ढका रहे। वह तो संसार को दिखाकर दूसरा घर कर सकती है। फिर वह रग्घू की दबैल बनकर क्यों रहे?

भोला को मरे एक महीना गुजर चुका था। संध्या हो गई थी। पन्ना इसी चिन्ता में पड़ी हुई थी कि सहसा उसे ख्याल आया, लड़के घर में नहीं हैं। यह बैलों की लौटने की बेला है, कहीं कोई लड़का उनके नीचे न आ जाय। अब द्वार पर कौन है, जो उनकी देखभाल करेगा। घर से बाहर निकली, तो देखा रग्घू सामने झोंपड़े में बैठा ऊख की गंड़ेरियां बना रहा है, तीनों लड़के उसे घेरे खड़े हैं और छोटी लड़की गर्दन में हाथ डाले उसकी पीठ पर सवार होने की चेष्टा कर रही है। पन्ना को अपनी आंखों पर विश्वास न आया। आज तो यह नई बात है! शायद दुनिया को दिखाता है कि मैं अपने भाइयों को कितना चाहता हूं और मन में छुरी रक्खी हुई है। घात मिले तो जान ही ले ले। काला सांप है, काला सांप। कठोर स्वर में बोली—तुम सब-के-सब वहां क्या करते हो? घर में आओ, सांझ की बेला है, गोरू आते होंगे।

रग्घू ने विनीत नेत्रों से देखकर कहा—मैं तो हूं ही काकी, डर किस बात का है?

बड़ा लड़का केदार बोला—काकी, रग्घू दादा ने हमारे लिए दो गाड़ियां बना दी हैं। यह देख, एक पर हम और खुन्नू बैठेंगे, दूसरी पर लछमन और झुनिया। दादा दोनों गाड़ियां खींचेंगे।

यह कहकर वह कोने से छोटी-छोटी गाड़ियां निकाल लाया, चार-चार पहिए लगे थे, बैठने के लिए तख्ते और रोक के लिए दोनों तरफ बाजू थे।

पन्ना ने आश्चर्य से पूछा—ये गाड़ियां किसने बनायीं?

केदार ने चिढ़कर कहा—रग्घू दादा ने बनायी हैं, और किसने। भगत के घर से बसूला और रुखानी मांग लाये और झटपट बना दीं। खूब दौड़ती हैं काकी! बैठ खुन्नू, मैं खींचूं।

खुन्नू गाड़ी में बैठ गया। केदार खींचने लगा। चर-चर का शोर हुआ, मानो गाड़ी भी इस खेल में लड़कों के साथ शरीक है।

लछमन ने दूसरी गाड़ी पर बैठकर कहा—दादा खींचो।

रग्घू ने झुनिया को भी गाड़ी में बैठा दिया और गाड़ी खींचता हुआ दौड़ा। तीनों लड़के तालियां बजाने लगे। पन्ना चकित नेत्रों से यह दृश्य देख रही थी और सोच रही थी कि यह वही रग्घू है या और।

थोड़े देर के बाद दोनों गाड़ियां लौटीं; लड़के घर में आकर इस यान-यात्रा के अनुभव बयान करने लगे। कितने खुश थे सब, मानो हवाई जहाज पर बैठ आये हों।

खुन्नू ने कहा—काकी सच, पेड़ दौड़ रहे थे।

लछमन—और बछिया कैसी भागीं, सब-की-सब दौड़ीं।

केदार—काकी, रग्घू दादा दोनों गाड़ियां एक साथ खींच ले जाते हैं।

झुनिया सबसे छोटी थी। उसकी व्यंजनाशक्ति और उछल-कूद नेत्रों तक परिमित थी—तालियां बजा-बजाकर नाच रही थी।

खुन्नू—अब हमारे घर गाय भी आ जायेगी काकी! रग्घू दादा ने गिरधारी से कहा है कि हमें गाय ला दो। गिरधारी बोला—कल लाऊंगा।

केदार—तीन सेर दूध देती है काकी! खूब दूध पीयेंगे।

इतने में रग्घू भी अन्दर आ गया। पन्ना ने अवहेलना की दृष्टि से देखकर पूछा—क्यों रग्घू, तुमने गिरधारी से कोई गाय मांगी है?

रग्घू ने क्षमा-प्रार्थना के भाव से कहा—हां मांगी तो है, कल लावेगा।

पन्ना—रुपये किसके घर से आयेंगे? यह भी सोचा है।

रग्घू—सब सोच लिया है काकी। मेरी यह मुहर नहीं है। इसके पच्चीस रुपये मिल रहे हैं; पांच रुपये बछिया के मुजरा दे दूंगा। बस गाय अपनी हो जायेगी।

पन्ना सन्नाटे में आ गयी। अब उसका अविश्वासी मन भी रग्घू के प्रेम और सज्जनता को अस्वीकार न कर सका। बोली—मुहर को क्यों बेचे देते हो। गाय की अभी कौन जल्दी है। हाथ में पैसे हो जायें, तो ले लेना। सूना-सूना गला अच्छा न लगेगा। इतने दिनों गाय नहीं रही; तो क्या लड़के नहीं जिये?

रग्घू दार्शनिक भाव से बोला—बच्चों के खाने-पीने के यही दिन हैं काकी। इस उम्र में न खाया, तो फिर क्या खायेंगे। मुहर पहनना मुझे अच्छा भी नहीं मालूम होता, लोग समझते होंगे कि बाप तो मर गया, इसे मुहर पहनने की सूझी है।

भोला महतो तो गाय की चिन्ता ही में चल बसे, न रुपये आये और न गाय मिली, मजबूर थे। रग्घू ने वह समस्या कितनी सुगमता से हल कर दी। आज जीवन में पहली बार, पन्ना को रग्घू पर विश्वास आया, बोली—जब गहना ही बेचना है, तो अपनी मुहर क्यों बेचोगे। मेरी हंसली ले लेना।

रग्घू—नहीं काकी! वह तुम्हारे गले में बहुत अच्छी लगती है। मर्दों को क्या, मुहर पहने या न पहने।

पन्ना—चल, मैं बूढ़ी हुई। मुझे अब हंसली पहनकर क्या करना है। तू अभी लड़का है, तेरा सूना गला अच्छा न लगेगा।

रग्घू मुस्करा कर बोला—तुम अभी से कैसे बूढ़ी हो गयीं? गांव में, कौन तुम्हारे बराबर है?

रग्घू की सरल आलोचना ने पन्ना को लज्जित कर दिया। उसके रूखे-मुरझाये मुख पर प्रसन्नता की लाली दौड़ गयी।

❑❑

पांच साल गुजरे गये। रग्घू का-सा मेहनती, ईमानदार, बात का धनी दूसरा किसान गांव में न था। पन्ना की इच्छा के बिना कोई काम न करता। उसकी उम्र अब 23 साल की हो गयी थी। पन्ना बार-बार कहती—भइया बहू को विदा करा लाओ। कब तक नैहर में पड़ी रहेगी। सब लोग मुझी को बदनाम करते हैं कि यही बहू को नहीं आने देती, मगर रग्घू टाल देता था। कहता था कि अभी जल्दी क्या है। उसे अपनी स्त्री के रंग-ढंग का कुछ परिचय दूसरों से मिल चुका था। ऐसी औरत को घर में लाकर वह अपनी शान्ति में बाधा नहीं डालना चाहता था।

आखिर एक दिन पन्ना ने जिद करके कहा—तो तुम न लाओगे?

'कह दिया कि अभी कोई जल्दी नहीं है।'

'तुम्हारे लिए जल्दी न होगी, मेरे लिए तो जल्दी है। मैं आज आदमी भेजती हूं।'

'पछताओगी काकी, उसका मिजाज अच्छा नहीं है।'

'तुम्हारी बला से। जब मैं उससे बोलूंगी ही नहीं; तो क्या हवा से लड़ेगी। रोटियां तो बना लेगी। मुझसे भीतर-बाहर का सारा काम नहीं होता, मैं आज बुलाये लेती हूं?'

'बुलाना चाहती हो, बुला लो; मगर फिर वह न कहना कि यह मेहरिया को ठीक नहीं करता, उसका गुलाम हो गया।'

'न कहूंगी, जाकर दो साड़ियां और मिठाई ले आ।'

तीसरे दिन मुलिया मैके से आ गई। दरवाजे पर नगाड़े बजे। शहनाइयों की मधुर ध्वनि आकाश में गूंजने लगी। मुंह-दिखावे की रस्म अदा हुई। वह इस मरुभूमि में निर्मल जल-धारा थी। गेहुंआ रंग था, बड़ी-बड़ी नोकीली पलकें, कपोलों पर हल्की सुर्खी, आंखों में प्रबल आकर्षण, रग्घू उसे देखते ही मन्त्र-मुग्ध हो गया।

प्रात:काल पानी का घड़ा लेकर चलती, तब उसका गेहुंआ रंग प्रभात की सुनहली किरणों से कुन्दन हो जाता, मानो उषा अपनी सारी सुगन्ध, सारा विकास और सारा उन्माद लिए मुस्कराती चली जाती हो।

❏❏

मुलिया मैके से ही जली-भुनी आयी थी, मेरा शौहर छाती फाड़कर काम करे और पन्ना रानी बनी बैठी रहे, उसके लड़के रईसजादे बने घूमें। मुलिया से यह बरदाश्त न होगा। वह किसी की गुलामी न करेगी। अपने लड़के तो अपने होते ही नहीं, भाई किसके होते हैं। जब तक पर नहीं निकलते हैं, रग्घू को घेरे हुए हैं। ज्यों ही जरा सयाने हुये, पर झाड़कर निकल जायेंगे। बात भी न पूछेंगे।

उस दिन उसने रग्घू से कहा—तुम्हें इस तरह गुलामी करनी हो तो करो मुझसे न होगी।

रग्घू—तो फिर क्या करूं, तू ही बता? लड़के तो अभी घर का काम करने लायक भी नहीं हैं।

मुलिया—लड़के रावत के हैं, कुछ तुम्हारे नहीं हैं। यही पन्ना है, जो तुम्हें दाने-दाने को तरसाती थी। सब सुन चुकी हूं। मैं लौंडी बनकर न रहूंगी। रुपये-पैसे का मुझे कुछ हिसाब नहीं मिलता। न जाने तुम क्या लाते हो? और वह क्या करती है। तुम समझते हो रुपए घर ही में तो हैं; मगर देख लेना, तुम्हें जो एक फूटी कौड़ी भी मिले।

रग्घू—रुपए-पैसे तेरे हाथ में देने लगूं, तो दुनिया क्या कहेगी, यह तो सोच।

मुलिया—दुनिया जो चाहे, कहे। दुनिया के हाथों बिकी नहीं हूं। देख लेना, भाड़ लीपकर हाथ काला ही रहेगा। फिर तुम अपने भाइयों के लिए मरो, मैं क्यों मरूं।

रग्घू ने जवाब न दिया—उसे जिस बात का भय था, वह इतनी जल्द सिर पर आ पड़ी। अब अगर उसने बहुत तथ्योंथंभी किया, तो साल-छ: महीने और काम चलेगा। बस, आगे यह डोंगा चलता नजर नहीं आता। बकरे की मां कब तक खैर मनायेगी?

एक दिन पन्ना ने महुए का सुखावन डाला। बरसात शुरू हो गई थी। बखार में अनाज गीला हो रहा था। मुलिया से बोली—बहू, जरा देखती रहना, मैं तालाब से नहा आऊं।

मुलिया ने लापरवाही से कहा—मुझे नींद आ रही है, तुम बैठकर देखो, एक दिन न नहाओगी तो क्या होगा।

पन्ना ने साड़ी उठाकर रख दी, नहाने न गई। मुलिया का वार खाली गया।

कई दिन के बाद एक शाम को पन्ना धान रोपकर लौटी, अंधेरा हो गया था। दिन भर की भूखी थी, आशा थी, बहू ने रोटी बना रखी होगी, मगर देखा तो यहां चूल्हा ठंडा पड़ा हुआ था, और बच्चे मारे भूख के तड़प रहे थे। मुलिया से आहिस्ते से पूछा—आज अभी चूल्हा नहीं जला?

केदार ने कहा—आज दोपहर को भी चूल्हा नहीं जला काकी! भाभी ने कुछ बनाया ही नहीं।

पन्ना—तो तुम लोगों ने खाया क्या?

केदार—कुछ नहीं, रात की रोटियां थीं, खुन्नू और लछमन ने खायीं। मैंने सत्तू खा लिया।

पन्ना—और बहू?

केदार—वह तो पड़ी सो रही है, कुछ नहीं खाया।

पन्ना ने उसी वक्त चूल्हा जलाया और खाना बनाने बैठ गयी। आटा गूंधती थी और रोती थी। क्या नसीब है, दिन भर खेत में जली, घर आई तो चूल्हे के सामने जलना पड़ा।

केदार का चौदहवां साल था। भाभी के रंग-ढंग देखकर सारी स्थिति समझ रहा था। बोला—काकी, भाभी अब तुम्हारे साथ रहना नहीं चाहती। पन्ना ने चौंककर पूछा—क्या, कुछ कहती थी?

केदार—कहती कुछ नहीं थी; मगर है उसके मन में यही बात। फिर तुम क्यों नहीं छोड़ देतीं? जैसे चाहे रहे; हमारा भी भगवान् है।

पन्ना ने दांतों से जीभ दबाकर कहा—चुप, मेरे सामने ऐसी बात भूलकर भी न कहना। रग्घू तुम्हारा भाई नहीं, तुम्हारा बाप है। मुलिया से कभी बोलोगे, तो समझ लेना जहर खा लूंगी।

❏❏

दशहरे का त्योहार आया। उस गांव से कोस-भर पर एक पुरवे में मेला लगता था। गांव के सब लड़के मेला देखने चले। पन्ना भी

लड़कों के साथ चलने को तैयार हुई; मगर पैसे कहां से आयें? कुंजी तो मुलिया के पास थी।

रग्घू ने आकर मुलिया से कहा—लड़के मेले जा रहे हैं, सबों को दो-दो आने पैसे दे दे।

मुलिया ने त्योरियां चढ़ाकर कहा—पैसे घर में नहीं हैं।

रग्घू—अभी तो तेलहन बिका था, क्या इतनी जल्दी रुपये उठ गये?

मुलिया—हां, उठ गये।

रग्घू—कहां उठ गये? जरा सुनूं, आज त्योहार के दिन लड़के मेला देखने न जायेंगे?

मुलिया—अपनी काकी से कहो, पैसे निकालें, गाड़कर क्या करेंगी।

खूंटी पर कुंजी लटक रही थी। रग्घू ने कुंजी उतारी और चाहा कि संदूक खोले कि मुलिया ने उसका हाथ पकड़ लिया और बोली— कुंजी मुझे दे दो, नहीं तो ठीक न होगा। खाने-पहनने को भी चाहिए, कागज-किताब को भी चाहिए, उस पर मेला देखने को भी चाहिए। हमारी कमाई इसलिये नहीं है कि दूसरे खायें और मूंछों पर ताव दें।

पन्ना ने रग्घू से कहा—भइया, पैसे क्या होंगे। लड़के मेला देखने न जायेंगे।

रग्घू ने झिड़ककर कहा—मेला देखने क्यों न जायेंगे? सारा गांव जा रहा है। हमारे ही लड़के न जायेंगे।

यह कहकर रग्घू ने अपना हाथ छुड़ा लिया और पैसे निकालकर लड़कों को दे दिये; मगर कुंजी जब मुलिया को देने लगा, तब उसने उसे आंगन में फेंक दिया और मुंह लपेटकर लेट गयी। लड़के मेला देखने न गये।

इसके बाद दो दिन गुजर गये। मुलिया ने कुछ नहीं खाया और पन्ना भी भूखी रही। रग्घू कभी इसे मनाता, कभी उसे; पर न यह उठती न वह। आखिर रग्घू ने हैरान होकर मुलिया से पूछा—कुछ मुंह से तो कह, चाहती क्या है?

मुलिया ने धरती को सम्बोधित करके कहा—मैं कुछ नहीं चाहती, तू मुझे मेरे घर पहुंचा दे।

रग्घू—अच्छा उठ, बना खा। पहुंचा दूंगा।

मुलिया ने रग्घू की ओर आंखें उठाईं। रग्घू उसकी सूरत देखकर डर गया। वह माधुर्य, वह मोहकता, वह लावण्य गायब हो गया था। दांत निकल आये थे, आंखें फट गयी थीं और नथुने फड़क रहे थे। अंगारे की-सी लाल आंखों से देखकर बोली—अच्छा, तो काकी ने यह सलाह दी है, यह मन्त्र पढ़ाया है? तो यहां ऐसी कच्ची नहीं हूं। तुम दोनों की छाती पर मूंग दलूंगी। हो किस फेर में।

रग्घू—अच्छा, तो मूंग ही दल लेना। कुछ खा-पी लेगी, तभी तो मूंग दल सकेगी।

मुलिया—अब तो तभी मुंह में पानी डालूंगी, जब घर अलग हो जायेगा। बहुत झेल चुकी, अब नहीं झेला जाता।

रग्घू सन्नाटे में आ गया, एक मिनट तक तो उसके मुंह से आवाज ही न निकली। अलग होने की उसने स्वप्न में भी कल्पना न की थी। उसने गांव में दो-चार परिवारों को अलग होते देखा था। वह खूब जानता था, रोटी के साथ लोगों के हृदय भी अलग हो जाते हैं। अपने हमेशा के लिए गैर हो जाते हैं। फिर उसमें वही नाता रह जाता है, जो गांव के और आदमियों में। रग्घू ने मन में ठान लिया था कि इस विपत्ति को घर में न आने दूंगा; मगर होनहार के सामने उसकी एक न चली। आह! मेरे मुंह में कालिख लगेगी, दुनिया यही कहेगी कि बाप के मर जाने पर दस साल भी एक में निबाह न हो सका। फिर किससे अलग हो जाऊं। जिनको गोद में खिलाया, जिनको बच्चों की तरह पाला, जिनके लिए तरह-तरह के कष्ट झेले, उन्हीं से अलग हो जाऊं। अपने प्यारों को घर से निकाल बाहर करूं। उसका गला फंस गया। कांपते हुए स्वर में बोला—तू क्या चाहती है कि मैं अपने भाइयों से अलग हो जाऊं? भला सोच तो; कहीं मुंह दिखाने लायक रहूंगा?

मुलिया—तो मेरा इन लोगों के साथ निबाह न होगा ?

रग्घू—तो तू अलग हो जा। मुझे अपने साथ क्यों घसीटती है।

मुलिया—तो मुझे क्या तुम्हारे घर में मिठाई मिलती है, मेरे लिए क्या संसार में जगह नहीं है ?

रग्घू—तेरी जैसी मर्जी, जहां चाहे रह। मैं अपने घर वालों से अलग नहीं हो सकता। जिस दिन इस घर में दो चूल्हे जलेंगे, उस दिन मेरे कलेजे के दो टुकड़े हो जायेंगे। मैं यह चोट नहीं सह सकता। तुझे जो तकलीफ हो, वह मैं दूर कर सकता हूं। माल-असबाब की मालकिन तू है ही, अनाज-पानी तेरे ही हाथ है, अब रह क्या गया है ? अगर कुछ काम-धन्धा करना नहीं चाहती, मत कर। भगवान् ने मुझे समाई दी होती, तो तुझे तिनका तक उठाने न देता। तेरे यह सुकुमार हाथ-पांव मेहनत-मजूरी करने के लिए बनाये ही नहीं गये हैं; मगर क्या करूं अपना कुछ बस ही नहीं है। फिर भी तेरा जी कोई काम करने को न चाहे, मत कर; मगर मुझसे अलग होने को न कह, तेरे पैरों पड़ता हूं।

मुलिया ने सिर से आंचल खिसकाया और जरा समीप आकर बोली—मैं काम करने से नहीं डरती, न बैठे-बैठे खाना चाहती हूं; मगर मुझसे किसी की धौंस नहीं सही जाती। तुम्हारी ही काकी घर का काम-काज करती हैं, तो अपने लिए करती हैं, अपने बाल-बच्चों के लिए करती हैं। मुझ पर कुछ एहसान नहीं करतीं। फिर मुझ पर धौंस क्यों जमाती हैं। उन्हें अपने बच्चे प्यारे होंगे, मुझे तो तुम्हारा आसरा है। मैं अपनी आंखों से यह नहीं देख सकती कि सारा घर तो चैन करे, जरा-जरा से बच्चे तो दूध पीयें, और जिसके बल-बूते पर गृहस्थी थमी हुई है, वह मट्ठे को तरसे। कोई उसका पूछने वाला न हो। जरा अपना मुंह तो देखो, कैसी सूरत निकल आयी है। औरों के तो चार बरस में अपने पट्ठे तैयार हो जायेंगे। तुम तो दस साल में खाट पर पड़ जाओगे। बैठ जाओ, खड़े क्यों हो ? क्या मारकर भागोगे ! मैं तुम्हें जबरदस्ती न बांध लूंगी यहां ऐसे निर्मोहियों से पाला पड़ेगा, तो

इस घर में भूल से न आती। आती भी तो मन न लगाती, मगर अब तो मन तुमसे लग गया। घर भी जाऊं, तो मन यहां ही रहेगा। और तुम जो हो, मेरी बात नहीं पूछते।

मुलिया की ये रसीली बातें रग्घू पर कोई असर न डाल सकीं। वह उसी रुखाई से बोला—मुलिया, मुझसे यह न होगा। अलग होने का ध्यान करते ही मेरा मन न जाने कैसा हो जाता है। यह चोट मुझसे न सही जायेगी।

मुलिया ने परिहास करके कहा—तो चूड़ियां पहनकर अन्दर बैठो न। लाओ मैं मूंछें लगा लूं। मैं तो समझती थी कि तुममें भी कुछ कस-बल है। अब देखती हूं, तो निरे मिट्टी के लोदे हो।

पन्ना दालान में खड़ी दोनों की बातचीत सुन रही थी। अब उससे न रहा गया। सामने आकर रग्घू से बोली—जब वह अलग होने पर तुली हुई है, फिर तुम क्यों उसे जबरदस्ती मिलाये रखना चाहते हो? तुम उसे लेकर रहो, हमारे भगवान् मालिक हैं। जब महतो मर गये थे, और कहीं पत्ती की भी छांह न थी, जब उस वक्त भगवान् ने निबाह दिया, तो अब क्या डर? अब तो भगवान् की दया से तीनों लड़के सयाने हो गये हैं। अब कोई चिन्ता नहीं।

रग्घू ने आंसू भरी आंखों से पन्ना को देखकर कहा—काकी, तू भी पागल हो गयी है क्या? जानती नहीं, दो रोटियां होते ही दो मन हो जाते हैं।

पन्ना—जब वह मानती ही नहीं, तब तुम क्या करोगे? भगवान् की यही मरजी होगी, तो कोई क्या करेगा। परालब्ध में जितने दिन एक साथ रहना लिखा था, उतने दिन रहे, अब उसकी यही मरजी है, तो यही सही। तुमने मेरे बाल-बच्चों के लिए जो कुछ किया, वह मैं भूल नहीं सकती। तुमने इनके सिर पर हाथ न रक्खा होता तो आज इनकी न जाने क्या गति होती, न जाने किसके द्वार पर ठोकरें खाते होते, न जाने कहां-कहां भीख मांगते फिरते। तुम्हारा जस मरते दम तक गाऊंगी, अगर मेरी खाल तुम्हारे जूते बनाने के काम में आये, तो

खुशी से दे दूं। चाहे तुमसे अलग हो जाऊं, पर जिस घड़ी तुम पुकारोगे, कुत्ते की तरह दौड़ी आऊंगी। यह भूलकर भी न सोचना कि तुमसे अलग होकर मैं तुम्हारा बुरा चाहूंगी। जिस दिन तुम्हारा अनभल मेरे मन में आयेगा, उसी दिन विष खाकर मर जाऊंगी। भगवान् करे, तुम दूधों नहाव, पूतों फलो। मरते दम तक यही असीस मेरे रोएं-रोएं से निकलती रहेगी। और अगर लड़के भी अपने बाप के हैं, तो मरते दम तुम्हारा पोस मानेंगे।

यह कहकर पन्ना रोती हुई वहां से चली गई। रग्घू वहीं मूर्ति की तरह खड़ा रहा। आसमान की ओर टकटकी लगी थी और आंखों से आंसू बह रहे थे।

❑❑

पन्ना की बातें सुनकर मुलिया समझ गयी कि अब अपने पौ बारह हैं। चटपट उठी, घर में झाड़ू लगाया, चूल्हा जलाया और कुएं से पानी लाने चली। उसकी टेक पूरी हो गयी थी।

गांव में स्त्रियों के दो दल होते हैं—एक बहुओं का, दूसरा सासों का। बहुएं सलाह और सहानुभूति के लिए अपने दल में जाती हैं, सासें अपने दल में। दोनों की पंचायतें अलग होती हैं। मुलिया को कुएं पर दो-तीन बहुएं मिल गयीं। एक ने पूछा—आज तो तुम्हारी बुढ़िया बहुत रो-धो रही थी।

मुलिया ने विजय के गर्व से कहा—इतने दिनों से घर की मालकिन बनी हुई हैं, राज-पाट छोड़ते किसे अच्छा लगता है। बहन, मैं उनका बुरा नहीं चाहती; लेकिन एक आदमी की कमाई में कहां तक बरकत होगी। मेरे भी तो यही खाने-पीने, पहनने-ओढ़ने के दिन हैं। अभी उनके पीछे मरो, फिर बाल-बच्चे हो जायें, उनके पीछे मरो। सारी जिन्दगी रोते ही कट जाये।

एक बहू—बुढ़िया यही चाहती है कि यह बस जन्म भर लौंडी बनी रहें। मोटा-झोटा खाएं और पड़ी रहें।

दूसरी बहू—किस भरोसे पर कोई मरे। अपने लड़के तो बात नहीं पूछते, पराये लड़कों का क्या भरोसा? कल इनके हाथ पांव हो

जायेंगे, फिर कौन पूछता है। अपनी-अपनी मेहरियों का मुंह देखेंगे। पहले से ही फटकार देना अच्छा है। फिर तो कोई कलक न होगा।

मुलिया पानी लेकर गयी, खाना बनाया और रग्घू से बोली—जाओ नहा आओ, रोटी तैयार है।

रग्घू ने मानो सुना ही नहीं। सिर पर हाथ रखकर द्वार की तरफ ताकता रहा।

मुलिया—क्या कहती हूं, कुछ सुनाई देता है ? रोटी तैयार है, जाओ नहा आओ।

रग्घू—सुन तो रहा हूं, क्या बहरा हूं ? रोटी तैयार है, तो जाकर खा ले। मुझे भूख नहीं है।

मुलिया ने फिर कुछ नहीं कहा। जाकर चूल्हा बुझा दिया, रोटियां उठाकर छींके पर रख दीं और मुंह ढांककर लेट रही।

जरा देर में पन्ना आकर बोली—खाना तो तैयार है, नहा-धोकर खा लो ! वह भी तो भूखी होगी ?

रग्घू ने झुंझलाकर कहा—काकी, तू घर में रहने देगी कि मुंह में कालिख लगाकर कहीं निकल जाऊं ? खाना तो खाना ही है, आज न खाऊंगा, कल खाऊंगा; लेकिन अभी मुझसे न खाया जायेगा। केदार क्या अभी मदरसे से नहीं आया ?

पन्ना—अभी तो नहीं आया, आता ही होगा।

पन्ना समझ गयी कि जब तक वह खाना बनाकर लड़कों को न खिलायेगी और खुद न खायेगी, रग्घू न खाएगा। इतना ही नहीं, उसे रग्घू से लड़ाई करनी पड़ेगी, उसे जली-कटी सुनानी पड़ेगी, उसे यह दिखाना पड़ेगा कि मैं ही उससे अलग होना चाहती हूं, नहीं तो वह इसी चिन्ता में घुल-घुलकर प्राण दे देगा। यह सोचकर उसने अलग चूल्हा जलाया। और खाना बनाने लगी। इतने में केदार और खुन्नू मदरसे से आ गये। पन्ना ने कहा—आओ बेटा, खा लो रोटी तैयार है।

केदार ने पूछा—भइया को बुला लूं न ?

पन्ना—तुम आकर खा लो। उनकी रोटी बहू ने अलग बनायी है।

खुनू—जाकर भइया से पूछ न आऊं?

पन्ना—जब उनका जी चाहेगा, खायेंगे। तू बैठकर खा, तुझे इन बातों से क्या मतलब। जिसका जी चाहेगा, खायेगा, जिसका जी न चाहेगा न खायेगा। जब वह और उसकी बीबी अलग रहने पर तुले हैं, तो कौन मनाये?

केदार—तो क्यों अम्मांजी, क्या हम अलग घर में रहेंगे?

पन्ना—उनका जी चाहे एक घर में रहें, जी चाहे आंगन में दीवार डाल लें।

खुनू ने दरवाजे पर आकर झांका, सामने फूस की झोंपड़ी थी, वहीं खाट पर पड़ा रग्घू नारियल पी रहा था।

खुनू—भइया तो अभी नारियल लिए बैठे हैं।

पन्ना—जब जी चाहेगा खायेंगे।

केदार—भइया ने भाभी को डांटा नहीं?

मुलिया अपनी कोठरी में पड़ी सुन रही थी। बाहर आकर बोली— भइया ने तो नहीं डांटा, अब तुम आकर डांटो।

केदार के चेहरे का रंग उड़ गया। फिर जबान न खोली। तीनों लड़कों ने खाना खाया और बाहर निकले। लू चलने लगी थी। आम के बाग में गांव के लड़के-लड़कियां हवा से गिरे हुए आम चुन रहे थे। केदार ने कहा—आज हम भी आम चुनने चलें, खूब आम गिर रहे हैं।

खुनू—दादा जी बैठे हैं......... ।

लक्ष्मन—मैं न जाऊंगा, दादा घुड़केंगे।

केदार—वह तो अब अलग हो गये।

लक्ष्मन—तो अब हमको कोई मारेगा, तब भी दादा न बोलेंगे?

केदार—वाह, तब क्यों न बोलेंगे?

रग्घू ने तीनों लड़कों को दरवाजे पर खड़े देखा, पर कुछ बोला नहीं! पहले तो वह घर से बाहर निकलते ही उन्हें डांट बैठता था; पर आज वह मूर्ति के समान निश्चल बैठा रहा। अब लड़कों को कुछ

साहस हुआ। कुछ दूर और आगे बढ़े। रग्घू अब भी न बोला, कैसे बोले। वह सोच रहा था, काकी ने लड़कों को खिला-पिला दिया, मुझसे पूछा तक नहीं। क्या उसकी आंखों पर भी परदा पड़ गया है; अगर मैंने लड़कों को पुकारा और वह न आये तो? मैं उनको मार-पीट तो सकूंगा। लू में सब-के-सब मारे-मारे फिरेंगे। कहीं बीमार न पड़ जायें। उसका दिल मसोसकर रह जाता था; लेकिन मुंह से कुछ कह न सकता था। लड़कों ने देखा कि यह बिलकुल नहीं बोलते, तो निर्भय होकर चल पड़े।

सहसा मुलिया ने आकर कहा—अब तो उठोगे कि अब भी नहीं? जिनके नाम पर फाका कर रहे हो, उन्होंने मजे से लड़कों को खिलाया और आप खाया अब आराम से सो रही हैं। 'मोर पिया मेरी बात न पूछें मोर सुहागिन नांव।' एक बार भी तो मुंह से न फटा कि भइया, खा लो।

रग्घू को इस समय मर्मान्तक पीड़ा हो रही थी। मुलिया के इन कठोर शब्दों ने घाव पर नमक छिड़क दिया। दु:खित नेत्रों से देखकर बोला—तेरी जो मर्जी थी, वही तो हुआ। अब जा ढोल बजा!

मुलिया—नहीं, तुम्हारे लिए थाली परोसे बैठी हैं!

रग्घू—मुझे चिढ़ा मत। तेरे पीछे मैं भी बदनाम हो रहा हूं। जब तू किसी की होकर नहीं रहना चाहती; तो दूसरे को क्या गरज है, जो तेरी खुशामद करे। जाकर काकी से पूछ, लड़के आम चुनने गये हैं, उन्हें पकड़ लाऊं।

मुलिया अंगूठा दिखाकर बोली—यह जाता है! तुम्हें सौ बार गरज हो जाकर पूछो।

इतने में पन्ना भी भीतर से निकल आयी। रग्घू ने पूछा—लड़के बगीचे में चले गये काकी, लू चल रही है।

पन्ना—अब उनका कौन पुछत्तर है। बगीचे में जायें, पेड़ पर चढ़ें, पानी में डूबें। मैं अकेली क्या-क्या करूं?

रग्घू—जाकर पकड़ लाऊं?

पन्ना—जब तुम्हें अपने मन से नहीं जाना है, तो फिर मैं जाने को

क्यों कहूं? तुम्हें रोकना होता, तो रोक न देते? तुम्हारे सामने ही तो गये होंगे।

पन्ना की बात पूरी न हुई थी कि रग्घू ने नारियल कोने में रख दिया और बाग की तरफ चला।

◻◻

रग्घू लड़कों को लेकर बाग से लौटा, तो देखा मुलिया अभी तक झोंपड़ी में खड़ी है। बोला—तू जाकर खा क्यों नहीं लेती। मुझे तो इस बेला भूख नहीं है।

मुलिया ऐंठकर बोली—हां, भूख क्यों लगेगी। भाइयों ने खाया, वह तुम्हारे पेट में पहुंच ही गया होगा।

रग्घू ने दांत पीसकर कहा—मुझे जला मत मुलिया, नहीं अच्छा न होगा। खाना कहीं भागा नहीं जाता। एक बेला ना खाऊंगा, तो मर न जाऊंगा। क्या तू समझती है, घर में आज कोई छोटी बात हो गई है? तूने घर में चूल्हा नहीं जलाया, मेरे कलेजे में आग लगाई है। मुझे घमण्ड था कि और चाहे कुछ हो जाय, पर मेरे घर में फूट का रोग न आने पावेगा, पर तूने मेरा घमंड चूर कर दिया। परालब्ध की बात है।

मुलिया तिनककर बोली—सारा मोह-छोह तुम्हीं को है कि और किसी को भी है? मैं तो किसी को तुम्हारी तरह बिसूरते नहीं देखती।

रग्घू ने ठण्डी सांस खींचकर कहा—मुलिया घाव पर नोन न छिड़क। तेरे ही कारन मेरी पीठ में धूल लग रही है। मुझे इस गृहस्थी का मोह न होगा, तो किसे होगा? मैंने ही तो इसे मर-मर जोड़ा। जिनको गोद में खेलाया, वही अब मेरे पट्टीदार होंगे। जिन बच्चों को मैं डांटता था, उन्हें आज कड़ी आंखों से भी नहीं देख सकता। मैं उनके भले के लिए भी कोई बात करूं, तो दुनिया यह कहेगी कि यह अपने भाइयों को लूटे लेता है। जा, मुझे छोड़ दे, अभी मुझसे कुछ न खाया जायेगा।

मुलिया—मैं कसम रखा दूंगी, नहीं चुपके से चले चलो।

रग्घू—देख, अब भी कुछ नहीं बिगड़ा है। अपनी हठ छोड़ दे।

मुलिया—हमारा ही लहू पिये, जो खाने न उठे।

रग्घू ने कानों पर हाथ रखकर कहा—यह तूने क्या किया मुलिया? मैं तो उठ ही रहा था। चल खा लूं। नहाने-धोने कौन जाय, लेकिन इतना कहे देता हूं कि चाहे चार की जगह छः रोटिया खा जाऊं, चाहे तू मुझे घी के मटके में ही डुबा दे; पर यह दाग मेरे दिल से न मिटेगा।

मुलिया—दाग-साग सब मिट जायेगा। पहले सबको ऐसा ही लगता है। देखते नहीं हो, उधर कैसी चैन की बंसी बज रही है। वह तो मना ही रही थी कि किसी तरह यह सब अलग हो जायें। अब वह पहले की-सी चांदी तो नहीं है कि जो कुछ घर में आवे, सब गायब! अब क्यों हमारे साथ रहने लगीं।

रग्घू ने आहत स्वर में कहा—इसी बात का तो मुझे गम है। काकी से ऐसी आशा न थी।

रग्घू खाने बैठा, तो कौर विष के घूंट-सा लगता था। जान पड़ता था, रोटियां भूसी की हैं। दाल पानी-सी लगती थी। पानी भी कंठ के नीचे न उतरता था। दूध की तरफ देखा तक नहीं। दो-चार ग्रास खाकर उठ आया, जैसे किसी प्रियजन के श्राद्ध का भोजन हो।

रात का भोजन भी उसने इसी तरह किया। भोजन क्या किया, कसम पूरी की। रात-भर उसका चित उद्विग्न रहा। एक अज्ञात शंका उसके मन पर छाई हुई थी, जैसे भोला महतो द्वार पर बैठा रो रहा हो। वह कई बार चौंककर उठा। ऐसा जान पड़ा, भोला उसकी ओर तिरस्कार की आंखों से देख रहा है।

वह दोनों जून का भोजन करता था; पर जैसे शत्रु के घर। भोला की शोक मग्न मूर्ति आंखों से न उतरती थी। रात को उसे नींद न आती। वह गांव में निकलता, तो इस तरह मुंह चुराये, सिर झुकाये, मानो गोहत्या की हो।

❑❑

पांच साल गुजर गये। रग्घू अब दो लड़कों का बाप था। आंगन में दीवार खिंच गई थी, खेतों में मेंड़ें डाल दी गयी थीं, और बैल-

बधिये बांट लिए गये थे। केदार की उम्र अब सोलह साल की हो गई थी। उसने पढ़ना छोड़ दिया था और खेती का काम करता था। खुन्नू गाय चराता था। केवल लछमन अब तक मदरसे जाता था। पन्ना और मुलिया दोनों एक-दूसरे की सूरत से जलती थीं। मुलिया के दोनों लड़के बहुधा पन्ना ही के पास रहते। वही उन्हें उबटन मलती, वही काजल लगाती, वही गोद में लिए फिरती; मगर मुलिया के मुंह से अनुग्रह का एक शब्द भी न निकलता। न पन्ना ही इसकी इच्छुक थी। वह जो कुछ करती निर्ब्याज भाव से करती थी। उसके दो-दो लड़के कमाऊं हो गये थे। लड़की खाना पका लेती थी। वह खुद ऊपर का काम-काज कर लेती। इसके विरुद्ध रग्घू अपने घर का अकेला था, वह भी दुर्बल, अशक्त और जवानी में बूढ़ा। अभी आयु तीस वर्ष से अधिक न थी; लेकिन बाल खिचड़ी हो गये थे, कमर भी झुक चली थी। खांसी ने जीर्ण कर रक्खा था। देखकर दया आती थी। और खेती पसीने की वस्तु है। खेतों की जैसी सेवा होनी चाहिए, वह उससे न हो पाती। फिर अच्छी फसल कहां से आती! कुछ ऋणी भी हो गया था। वह चिन्ता और भी मारे डालती थी। चाहिए तो यह था कि अब उसे कुछ आराम मिलता। इतने दिनों के निरन्तर परिश्रम के बाद सिर का बोझ कुछ हल्का होता; किन्तु मुलिया की स्वार्थपरता और अदूरदर्शिता ने लहराती हुई खेती उजाड़ दी; अगर सब एक साथ रहते, तो वह अब तक पेंशन पा जाता, मजे से द्वार पर बैठा हुआ नारियल पीता। भाई काम करता, वह सलाह देता। महतो बना फिरता। कहीं किसी के झगड़े चुकाता। कहीं साधु-सन्तों की सेवा करता; पर वह अवसर हाथ से निकल गया। अब तो चिन्ताभार दिन-दिन बढ़ता जाता था।

आखिर उसे धीमा-धीमा ज्वर रहने लगा। हृदय-शूल, चिन्ता, कड़े परिश्रम और अभाव का यही पुरस्कार है। पहले कुछ परवा न की। समझा आप ही आप अच्छा हो जायेगा; मगर कमजोरी बढ़ने लगी, तो दवा की फिक्र हुई। जिसने जो बता दिया, खा लिया।

डॉक्टरों और वैद्यों के पास जाने की सामर्थ्य कहां ? और सामर्थ्य भी होती, तो रुपये खर्च कर देने के सिवा और नतीजा ही क्या था। जीर्ण ज्वर की औषधि आराम है और पुष्टिकारक भोजन। न वह बसन्त-मालती का सेवन कर सकता था और न आराम से बैठकर बलवर्धक भोजन कर सकता था, कमजोरी बढ़ती ही गयी।

पन्ना को अवसर मिलता तो वह आकर उसे तसल्ली देती; लेकिन उसके लड़के अब रग्घू से बात भी न करते थे। दवा-दारू तो क्या करते, उसका और मजाक उड़ाते। भैया समझते थे कि हम लोगों से अलग होकर सोने की ईंट रख लेंगे। भाभी भी समझती थीं, सोने से लद जाऊंगी। अब देखें, कौन पूछता है। सिसक-सिसककर न मरें, तो कह देना। बहुत 'हाय! हाय!' भी अच्छी नहीं होती। आदमी उतना काम करे, जितना हो सके। यह नहीं कि रुपये के लिए जान ही दे दे।

पन्ना कहती—रग्घू बेचारे का कौन दोष है।

केदार कहता—चल, मैं खूब समझता हूं। भैया की जगह मैं होता तो डंडे से बात करता। मजाल थी कि औरत यों जिद करती। यह सब भैया की चाल थी। सब सधी-बदी बात थी।

आखिर एक दिन रग्घू का टिमटिमाता हुआ जीवन-दीपक बुझ गया। मौत ने सारी चिन्ताओं का अन्त कर दिया।

अन्त समय उसने केदार को बुलाया था, पर केदार को ऊख में पानी देना था। डरा, कहीं दवा के लिए न भेज दें। बहाना बता दिया।

◻◻

मुलिया का जीवन अन्धकारमय हो गया। जिस भूमि पर उसने मंसूबों की दीवार खड़ी की थी, अब नीचे से खिसक गई थी। जिस खूंटे के बल पर वह उछल रही थी, वह उखड़ गया था। गांव वालों ने कहना शुरू किया, ईश्वर ने कैसा तत्काल दण्ड दिया। बेचारी मारे लाज के अपने बच्चों को लिए रोया करती। गांव में किसी को मुंह दिखाने का साहस न होता। प्रत्येक प्राणी उससे यह कहता हुआ

मालूम होता था—'मारे घमण्ड के धरती पर पांव न रखती थी, आखिर सजा मिल गई कि नहीं।' अब इस घर में कैसे निबाह होगा? वह किसके सहारे रहेगी? किसके बल पर खेती होगी। बेचारा रग्घू बीमार था, दुर्बल था; पर जब तक जीता रहा, अपना काम करता रहा। मारे कमजोरी के कभी-कभी सिर पकड़कर बैठ जाता, और जरा दम लेकर फिर हाथ चलाने लगता था। सारी खेती तहस-नहस हो रही थी, उसे कौन संभालेगा? अनाज की डांठें खलिहान में पड़ी थीं, ऊख अलग सूख रही थी। वह अकेली क्या-क्या करेगी? फिर सिंचाई अकेले आदमी का तो काम नहीं। तीन-तीन मजूरों को कहां से लाये? गांव में मजूर थे ही कितने? आदमियों के लिए खींचातानी हो रही थी। क्या करे, क्या न करे?

इस तरह तेरह दिन बीत गये। क्रिया-कर्म से छुट्टी मिली। दूसरे ही दिन सवेरे मुलिया ने दोनों बालकों को गोद में उठाया और अनाज मांड़ने चली। खलिहान में पहुंचकर उसने एक को तो पेड़ के नीचे घास के नर्म बिस्तर पर सुला दिया और दूसरे को वहीं बैठाकर अनाज मांड़ने लगी। बैलों को हांकती थी और रोती थी। क्या इसीलिए भगवान् ने उसको जन्म दिया था? देखते-देखते क्या-से-क्या हो गया? इन्हीं दिनों पिछले साल भी अनाज मांड़ा गया था, वह रग्घू के लिए लोटे में शरबत और मटर की घुंघुनी लेकर आयी थी। आज कोई उसके न आगे है न पीछे! लेकिन किसी की लौंडी तो नहीं हूं? उसे अलग होने का अब भी पछतावा न था।

एकाएक छोटे बच्चे का रोना सुनकर उसने उधर ताका, तो बड़ा लड़का उसे चुमकारकर कह रहा था—भैया, तुप रहो, तुप रहो। धीरे-धीरे उसके मुंह पर हाथ फेरता था और चुप करने के लिए विकल था। जब बच्चा किसी तरह न चुप हुआ तो वह खुद उसके पास लेट गया और छाती से लगाकर प्यार करने लगा; मगर जब यह प्रयत्न भी सफल न हुआ, तो वह रोने लगा।

उसी समय पन्ना दौड़ी आयी और छोटे बालक को गोद में

उठाकर प्यार करती हुई बोली—लड़कों को मुझे क्यों न दे आयी बहू ? हाय ! हाय ! अभी बेचारा धरती पर पड़ा लोट रहा है। जब मैं मर जाऊं, तो जो चाहे करना, अभी तो जीती हूं। अलग हो जाने से बच्चे तो नहीं अलग हो गये।

मुलिया ने कहा—तुम्हें भी तो छुट्टी नहीं थी अम्मां, क्या करती।

पन्ना—तो तुझे यहां आने की ऐसी क्या जल्दी थी। डांठ मांड़ न जाती तीन-तीन लड़के तो हैं, और किस दिन काम आयेंगे। केदार तो कल ही मांड़ने को कह रहा था; पर मैंने कहा—पहले ऊख में पानी दे लो; फिर अनाज मांड़ना। मंड़ाई तो दस दिन बाद भी हो सकती है, ऊख की सिंचाई न हुई तो सूख जायेगी। कल से पानी चढ़ा हुआ है, परसों तक खेत पुर जायेगा। तब मंड़ाई हो जायेगी। तुझे विश्वास न आवेगा, जब से भैया मरे हैं, केदार को बड़ी चिंता हो गयी है। दिन में सौ-सौ बार पूछता है, भाभी बहुत रोती तो नहीं है ? देख, लड़के भूखे तो नहीं हैं। कोई लड़का रोता है, तो दौड़ा आता है देख अम्मां क्या हुआ, बच्चा क्यों रोता है ? कल रोकर बोला—अम्मां, मैं जानता कि भैया इतनी जल्दी चले जायेंगे, तो उनकी सेवा कर लेता। कहां जगाये-जगाये उठता था, अब देखती हो; पहर रात से उठकर काम में लग जाता है। खुन्नू कल जरा-सा बोला—पहले हम अपनी ऊख में पानी दे लेंगे, तब भैया की ऊख में देंगे। इस पर केदार ने ऐसा डांटा कि खुन्नू के मुंह से फिर बात न निकली। बोला—कैसी तुम्हारी और कैसी हमारी ऊख। भैया ने जिला न लिया होता, तो आज या तो मर गये होते या कहीं भीख मांगते। आज तुम बड़े ऊख वाले बने हो ! यह उन्हीं का पुन-परताप है कि आज भले आदमी बने बैठे हो। परसों रोटी खाने को बुलाने गयी; तो मड़ैया में बैठा रो रहा था। पूछा—क्यों रोता है ? तो बोला—अम्मां, भैया इसी 'अलग्योझे' के दुख से मर गये, नहीं अभी उनकी उमिर ही क्या थी। यह उस बखत न सूझा; नहीं उनसे क्यों बिगाड़ करते।

यह कहकर पन्ना ने मुलिया की ओर संकेतपूर्ण दृष्टि से देखकर

कहा—तुम्हें वह अलग न रहने देगा बहू; कहता है, भैया हमारे लिए मर गये तो हम भी उनके बाल-बच्चों के लिए मर जायेंगे?

मुलिया की आंखों से आंसू जारी थे, पन्ना की बातों में आज सच्ची वेदना, सच्ची सांत्वना, सच्ची सद्चिन्ता भरी हुई थी। मुलिया का मन कभी उसकी ओर इतना आकर्षित न हुआ था। जिनसे उसे व्यंग्य और प्रतिकार का भय था, वे इतने दयालु, इतने शुभेच्छु हो गये थे।

आज पहली बार उसे अपनी स्वार्थपरता पर लज्जा आयी, पहली बार आत्मा ने अलग्योझे पर धिक्कारा!

❑❑

इस घटना को हुए पांच साल गुजर गये। पन्ना आज बूढ़ी हो गयी है। केदार घर का मालिक है। मुलिया घर की मालकिन है। खुन्नू और लछमन के विवाह हो चुके हैं; मगर केदार अभी तक क्वांरा है। कहता है—मैं विवाह न करूंगा। कई जगहों से बातचीत हुई, कई सगाइयां आयीं; पर उसने हामी न भरी। पन्ना ने कम्पे लगाये, जाल फैलाये; पर वह न फंसा। कहता—औरतों से कौन सुख। मेहरिया घर में आयी और आदमी का मिजाज बदला। फिर जो कुछ है, वह मेहरिया है। मां-बाप, भाई-बन्धु सब पराये हैं। जब भैया जैसे आदमी का मिजाज बदल गया, तो फिर दूसरों की क्या गिनती। दो लड़के भगवान के दिये हैं और क्या चाहिए। बिना ब्याह किये दो बेटे मिल गये, इससे बढ़कर और क्या होगा। जिसे अपना समझो, वह अपना है, जिसे गैर समझो, वह गैर है।

एक दिन पन्ना ने कहा—तेरा वंश कैसे चलेगा?

केदार—मेरा वंश तो चल रहा है। दोनों लड़कों को अपना ही समझता हूं।

पन्ना—समझने ही पर है, तो तू मुलिया को भी अपनी मेहरिया समझता होगा।

केदार ने झेंपते हुए कहा—तुम तो गाली देती हो अम्मां!

पन्ना—गाली कैसी, तेरी भाभी ही तो है।

केदार—मेरे जैसे लट्ठ-गंवार को वह क्या पूछने लगी।

पन्ना—तू करने को कह, तो मैं उससे पूछूं?

केदार—नहीं मेरी अम्मां, कहीं रोने-गाने न लगे।

पन्ना—तेरा मन हो, तो मैं बातों-बातों में उसके मन की थाह लूं?

केदार—मैं नहीं जानता, जो चाहे कर।

पन्ना केदार के मन की बात समझ गयी। लड़के का दिल मुलिया पर आया हुआ है; पर संकोच और भय के मारे कुछ नहीं कहता।

उसी दिन उसने मुलिया से कहा—क्या करूं बहू, मन की लालसा मन में ही रही जाती है। केदार का घर भी बस जाता; तो मैं निश्चिन्त हो जाती।

मुलिया—वह तो करने को ही नहीं कहते।

पन्ना—कहता है, ऐसी औरत मिले, जो घर में मेल से रहे, तो कर लूं।

मुलिया—ऐसी औरत कहां मिलेगी? कहीं ढूंढ़ो।

पन्ना—मैंने तो ढूंढ़ लिया है।

मुलिया—सच! किस गांव की है?

पन्ना—अभी न बताऊंगी, मुदा यह जानती हूं कि उससे केदार की सगाई हो जाय, तो घर बस जाय और केदार की जिन्दगी भी सफल हो जाय। न जाने लड़की मानेगी कि नहीं!

मुलिया—मानेगी क्यों नहीं अम्मां; ऐसा सुन्दर, कमाऊ, सुशील वर और कहां मिल जाता है। उस जनम का कोई साधु-महात्मा है, नहीं तो लड़ाई-झगड़े के डर से कौन बिना ब्याहा रहता है। कहां रहती है, मैं जाकर उसे मना लाऊं।

पन्ना—तू चाहे, तो मना ले। तेरे ही ऊपर है।

मुलिया—मैं आज ही चली जाऊंगी अम्मां! उसके पैरों पड़कर मना लाऊंगी।

पन्ना—बता दूं! वह तू ही है!

मुलिया लजाकर बोली—तुम तो अम्मां जी, गाली देती हो।
पन्ना—गाली कैसी, देवर ही तो है।
मुलिया—मुझ-जैसी बुढ़िया को वह क्यों पूछेंगे।
पन्ना—वह तुझी पर दांत लगाये बैठा है। तेरे सिवा कोई और उसे भाती ही नहीं। डर के मारे कहता नहीं; पर उसके मन की बात मैं जानती हूं।

वैधव्य के शोक से मुरझाया हुआ मुलिया का पीत बदन कमल की भांति अरुण हो उठा। दस वर्षों में जो कुछ खोया था, इसी एक क्षण में मानो ब्याज के साथ मिल गया। वही लावण्य, वही विकास, वही आकर्षण, वही लोच!

●●●

दारोगाजी

कल शाम को एक जरूरत से तांगे पर बैठा हुआ जा रहा था कि रास्ते में एक और महाशय तांगे पर आ बैठे। तांगे वाला उन्हें बैठाना तो न चाहता था, पर इन्कार भी न कर सकता था। पुलिस के आदमी से झगड़ा कौन मोल ले। यह साहब किसी थाने के दारोगा थे। एक मुकदमे की पैरवी करने सदर आये थे। मेरी आदत है कि पुलिस वालों से बहुत कम बोलता हूं। सच पूछिए, तो मुझे उनकी सूरत से नफरत है। उनके हाथों प्रजा को कितने कष्ट उठाने पड़ते हैं, इसका अनुभव इस जीवन में कई बार कर चुका हूं। मैं जरा एक तरफ खिसक गया और मुंह फेरकर दूसरी ओर देखने लगा कि दारोगाजी बोले—जनाब! यह आम शिकायत है कि पुलिस वाले बहुत रिश्वत लेते हैं; लेकिन यह कोई नहीं देखता कि पुलिस वाले रिश्वत लेने के लिये कितने मजबूर किये जाते हैं। अगर पुलिस वाले रिश्वत लेना बन्द कर दें तो मैं हलफ से कहता हूं, ये जो बड़े-बड़े ऊंची पगड़ियों वाले रईस नजर आते हैं, सब-के-सब जेलखाने के अन्दर बैठे दिखाई दें। अगर हर एक मामले का चालान करने लगें, तो दुनिया पुलिस वालों को और भी बदनाम करे। आपको यकीन न आयेगा जनाब, रुपये की थैलियां गले लगाई जाती हैं। हम हजार इन्कार करें, पर चारों तरफ से ऐसे दबाव पड़ते हैं कि लाचार होकर लेना ही पड़ता है।

मैंने उपहास के भाव से कहा—जो काम रुपया लेकर किया जाता है, वही काम बिना रुपये लिये भी तो किया जा सकता है।

दारोगाजी हंसकर बोले—वह तो गुनाह बेलज्जत होगा, बंदापरवर। पुलिस का आदमी इतना कट्टर देवता नहीं होता, और मेरा ख्याल है

कि शायद कोई इंसान भी इतना बेलौस नहीं हो सकता। और सीगों के लोगों को भी देखता हूं, मुझे तो कोई देवता न मिला......।

मैं अभी इसका कुछ जवाब दे ही रहा था कि एक मियां साहब लम्बी अचकन पहने, तुर्की टोपी लगाये, तांगे के सामने से निकले। दारोगाजी ने उन्हें देखते ही झुककर सलाम किया और शायद मिजाज शरीफ पूछना चाहते थे कि उस भले आदमी ने सलाम का जवाब गालियों से देना शुरू किया। जब तांगा कई कदम आगे निकल आया; तो वह एक पत्थर लेकर तांगे के पीछे दौड़ा। तांगे वाले ने घोड़े को तेज किया। उस भलेमानुस ने भी कदम तेज किये और पत्थर फेंका। मेरा सिर बाल-बाल बच गया। उसने दूसरा पत्थर उठाया, वह हमारे सामने आकर गिरा। तीसरा पत्थर इतनी जोर से आया कि दारोगाजी के घुटने में बड़ी चोट आयी; पर इतनी देर में तांगा इतनी दूर निकल आया था कि हम पत्थरों की मार से दूर हो गये थे। हां, गालियों की मार अभी तक जारी थी। जब तक वह आदमी आंखों से ओझल न हो गया, हम उसे एक हाथ में पत्थर उठाये, गालियां बकते हुए देखते रहे।

जब जरा चित्त शान्त हुआ, मैंने दारोगाजी से पूछा—यह कौन आदमी है, साहब? कोई पागल तो नहीं है?

दारोगाजी ने घुटने को सहलाते हुए कहा—पागल नहीं है साहब, मेरा पुराना दुश्मन है। मैंने समझा था, जालिम पिछली बातें भूल गया होगा। वरना मुझे क्या पड़ी थी कि सलाम करने जाता।

मैंने पूछा—आपने इसे किसी मुकदमे में सजा दिलाई होगी?

'बड़ी लम्बी दास्तान है जनाब! बस इतना ही समझ लीजिए कि इसका बस चले, तो मुझे जिन्दा ही निगल जाय।'

'आप तो शोक की आग को और भड़का रहे हैं। अब तो वह दास्तान सुने बगैर तस्कीन न होगी।'

दारोगाजी ने पहलू बदलकर कहा—अच्छी बात है, सुनिए। कई साल हुए हैं, मैं सदर में ही तैनात था। बेफिक्री के दिन थे, ताजा खून,

एक माशूक से आंख लड़ गई। आमदरफ्त शुरू हुई। अब भी जब उस हसीना की याद आती है, तो आंखों से आंसू निकल आते हैं। बाजारू औरतों में इतनी हया, इतनी वफा, इतनी मुरव्वत मैंने नहीं देखी। दो साल उसके साथ इतने लुत्फ से गुजरे कि आज भी उसकी याद करके रोता हूं। मगर किस्से को बढ़ाऊंगा नहीं, वरना अधूरा ही रह जायेगा। मुख्तसर यह है कि दो साल के बाद मेरे तबादले का हुक्म आ गया, उस वक्त दिल को जितना सदमा पहुंचा, उसका जिक्र करने के लिए दफ्तर चाहिए। बस यही जी चाहता था कि इस्तीफा दे दूं। उस हसीना ने यह खबर सुनी, तो उसकी जान-सी निकल गई। सफर की तैयारी के लिए मुझे तीन दिन मिले थे। ये तीन दिन हमने मंसूबे बांधने में काटे। उस वक्त मुझे अनुभव हुआ कि औरतों को अक्ल से खाली समझने में हमने कितनी बड़ी गलती की है। मेरे मंसूबे शेखचिल्ली के-से होते थे। कलकत्ते भाग चलें, वहां कोई दुकान खोल दें, या इसी तरह कोई दूसरी तजवीज करता। लेकिन वह यही जवाब देती कि अभी वहां जाकर अपना काम करो। जब मकान का बन्दोबस्त हो जाय, तो मुझे बुला लेना। मैं दौड़ी चली आऊंगी।

आखिर जुदाई की घड़ी आई। मुझे मालूम होता था कि अब जान न बचेगी। गाड़ी का वक्त निकला जाता था और मैं उसके पास से उठने का नाम न लेता था। मगर मैं फिर किस्से को तूल देने लगा। खुलासा यह कि मैं उसे दो-तीन दिन में बुलाने का वादा करके रुखसत हुआ। पर अफसोस! वे दो-तीन दिन कभी न आये। पहले दस-पांच दिन तो अफसरों से मिलने और इलाके की देखभाल में गुजरे। इसके बाद घर से खत आ गया कि तुम्हारी शादी तय हो गई; रुखसत लेकर चले आओ। शादी की खुशी में उस वफा की देवी की मुझे फिक्र न रही। शादी करके महीने-भर बाद लौटा, तो बीवी साथ थी। रही-सही याद भी जाती रही। उसने एक महीने के बाद एक खत भेजा; पर मैंने उसका जवाब न दिया। डरता रहता था कि कहीं एक दिन वह आकर सिर पर सवार न हो जाय; फिर बीवी को मुंह दिखाने लायक भी न रह जाऊं।

साल भर के बाद मुझे एक काम से सदर आना पड़ा। उस वक्त मुझे उस औरत की याद आई; सोचा, जरा चलकर देखना चाहिए, किस हालत में है। फौरन अपने खत न भेजने और इतने दिनों तक न आने का जवाब सोच लिया और उसके द्वार पर जा पहुंचा। दरवाजा साफ-सुथरा था, मकान की हालत भी पहले से अच्छी थी। दिल को खुशी हुई कि इसकी हालत उतनी खराब नहीं है, जितनी मैंने समझी थी। और, क्यों खराब होने लगी। मुझ जैसे दुनिया में क्या और आदमी ही नहीं हैं।

मैंने दरवाजा खटखटाया। अंदर से वह बंद था। आवाज आई—कौन है?

मैंने कहा—वाह! इतनी जल्दी भूल गईं, मैं हूं, बशीर.....।

कोई जवाब न मिला, आवाज उसी की थी, इसमें शक नहीं, फिर दरवाजा क्यों नहीं खोलती? जरूर मुझसे नाराज है। मैंने फिर किवाड़ खटखटाये और लगा अपनी मुसीबतों का किस्सा सुनाने। कोई पन्द्रह मिनट के बाद दरवाजा खुला। हसीना ने मुझे इशारे से अन्दर बुलाया और चट किवाड़ बन्द कर लिये। मैंने कहा—मैं तुमसे मुआफी मांगने आया हूं। यहां से जाकर मैं बड़ी मुश्किल में फंस गया। इलाका इतना खराब है कि दम मारने की मुहलत नहीं मिलती।

हसीना ने मेरी तरफ न देखकर जमीन की तरफ ताकते हुए कहा—मुआफी किस बात की? तुमसे मेरा निकाह तो हुआ न था। दिल कहीं और लग गया, तो मेरी याद क्यों आती। मुझे तुमसे कोई शिकायत नहीं। जैसा और लोग करते हैं, वैसा ही तुमने किया। यही क्या कम है कि इतने दिनों के बाद इधर आ तो गये। रहे तो खैरियत से?

'किसी तरह जिंदा हूं।'

'शायद जुदाई में घुलते-घुलते यह तोंद निकल आई है। खुदा झूठ न बुलवाये, तब से दूने हो गये।'

मैंने झेंपते हुए कहा—यह सारा बलगम का फिसाद है। भला

मोटा मैं क्या होता। उधर का पानी निहायत बलगमी है। तुमने तो मेरी याद ही भुला दी।

उसने अबकी मेरी ओर तेज निगाहों से देखा और बोली—खत का जवाब तक न दिया, उलटे मुझी को इलजाम देते हो। मैं तुम्हें शुरू से बेवफा समझती थी और तुम वैसे ही निकले। बीवी लाये और मुझे खत तक न लिखा?

मैंने ताज्जुब से पूछा—तुम्हें कैसे मालूम हुआ कि मेरी शादी हो गई?

उसने रुखाई से कहा—यह पूछकर क्या करोगे? झूठ तो नहीं कहती। बेवफा बहुत देखे, लेकिन तुम सबसे बढ़कर निकले। तुम्हारी आवाज सुनकर जी में तो आया कि दुत्कार दूं, लेकिन यह सोचकर दरवाजा खोल दिया कि अपने दरवाजे पर किसी को क्या जलील करूं।

मैंने कोट उतारकर खूंटी पर लटका दिया, जूते भी उतार डाले और चारपाई पर लेटकर बोला—लैली, देखो, इतनी बेरहमी से न पेश आओ। मैं तो अपनी खताओं को खुद तस्लीम करता हूं और इसीलिए अब तुमसे मुआफी मांगने आया हूं। जरा अपने नाजुक हाथों से एक पान तो खिला दो। सच कहना, तुम्हें मेरी याद काहे को आती होगी। कोई और यार मिल गया होगा।

लैली पानदान खोलकर पान बनाने लगी कि एकाएक किसी ने किवाड़ खटखटाये। मैंने घबराकर पूछा—यह कौन शैतान आ पहुंचा?

हसीना ने होंठों पर उंगली रखते हुए कहा—यह मेरे शौहर हैं। तुम्हारी तरफ से जब निराश हो गई, तो मैंने इनके साथ निकाह कर लिया।

मैंने त्योरियां चढ़ाकर कहा—तो तुमने मुझसे पहले ही क्यों न बता दिया, मैं उलटे पांव लौट न जाता, यह नौबत क्यों आती। न जाने कब की यह कसर निकली।

'मुझे क्या मालूम कि यह इतने जल्द आ पहुंचेंगे। रोज तो पहर

रात गये आते थे। फिर तुम इतनी दूर से आये थे, तुम्हारी कुछ खातिर भी तो करनी थी।'

'यह अच्छी खातिर की। बताओ; अब मैं जाऊं कहां?'

'मेरी समझ में खुद कुछ नहीं आ रहा है। या अल्लाह! किस अजाब में फंसी।'

इतने में उन साहब ने फिर दरवाजा खटखटाया। ऐसा मालूम होता था कि किवाड़ तोड़ डालेगा। हसीना के चेहरे पर एक रंग आता था, एक रंग जाता था। बेचारी खड़ी कांप रही थी। बस जबान से यही निकलता था—या अल्लाह, रहम कर।

बाहर से आवाज आई—अरे, तुम क्या सरेशाम से सो गईं? अभी तो आठ भी नहीं बजे। कहीं सांप तो नहीं सूंघ गया। अल्लाह जानता है अब और देर की, तो किवाड़ चिड़वा डालूंगा।

मैंने गिड़गिड़ाकर कहा—खुदा के लिए मेरे छिपने की कोई जगह बताओ। पिछवाड़े कोई दरवाजा नहीं?

'न!'

'संडास तो है?'

'सबसे पहले वह वहीं जायेंगे।'

'अच्छा, वह सामने कोठरी कैसी है?'

'हां, है तो, लेकिन कहीं कोठरी खोलकर देखा तो?'

'क्या बहुत डबल आदमी है?'

'तुम जैसे दो को बगल में दबा ले।'

'तो खोल दो कोठरी। वह ज्यों ही अन्दर आयेगा, मैं दरवाजा खोलकर निकल भागूंगा।'

हसीना ने कोठरी खोल दी। मैं अन्दर जा घुसा। दरवाजा फिर बन्द हो गया।

मुझे कोठरी में बन्द करके हसीना ने जाकर सदर दरवाजा खोला और बोली—क्यों किवाड़ तोड़े डालते हो? आ तो रही हूं।

मैंने कोठरी के किवाड़ों के दराजों से देखा। आदमी क्या पूरा देव था। अन्दर आते ही बोला—तुम सरेशाम से सो गई थीं।

'हां, जरा आंख लग गई थी।'

'मुझे तो ऐसा मालूम हो रहा था कि तुम किसी से बातें कर रही हो।'

'वहम की दवा तो लुकमान के पास भी नहीं।'

'मैंने साफ सुना। कोई-न-कोई था जरूर। तुमने उसे कहीं छिपा रखा है।'

'इन्हीं बातों पर तुमसे मेरा जी जलता है। सारा घर तो पड़ा है, देख क्यों नहीं लेते।'

'देखूंगा तो मैं जरूर ही, लेकिन तुमसे सीधे-सीधे पूछता हं, बतला दो, कौन था?'

हसीना ने कुंजियों का गुच्छा फेंकते हुए कहा—और कोई था तो घर ही में न होगा। लो, सब जगह देख आओ। सुई तो है नहीं कि मैंने कहीं छिपा दी हो।

वह शैतान इन चकमों में न आया। शायद पहले भी ऐसा ही चरका खा चुका था। कुंजियों का गुच्छा उठाकर सबसे पहले मेरी कोठरी के द्वार पर आया और उसके ताले को खोलने की कोशिश करने लगा। गुच्छे में उस ताले की कुंजी न थी। बोला—इस कोठरी की कुंजी कहां है?

हसीना ने बनावटी ताज्जुब से कहा—अरे, तो क्या उसमें कोई छिपा बैठा है? वह तो लकड़ियों से भरी पड़ी है।

'तुम कुंजी दे दो न।'

'तुम भी कभी-कभी पागलों के-से काम करने लगते हो। अंधेरे में कोई सांप-बिच्छू निकल आये तो। ना भैया, मैं उसकी कुंजी न दूंगी।'

'बला से सांप निकल आयेगा। अच्छा ही हो, निकल आये। इस बेहयाई की जिन्दगी से तो मौत ही अच्छी।'

हसीना ने इधर-उधर तलाश करके कहा— 'न जाने उसकी कुंजी कहां रख दी। ख्याल नहीं आता।'

'इस कोठरी में तो मैंने और कभी ताला नहीं देखा।'

'मैं तो रोज लगाती हूं। शायद कभी लगाना भूल गई हूं, तो नहीं कह सकती।'

'तो तुम कुंजी न दोगी?'

'कहती तो हूं इस वक्त नहीं मिल रही है।'

'कहे देता हूं, कच्चा ही खा जाऊंगा।'

अब तक तो मैं किसी तरह जब्त किये खड़ा रहा। बार-बार अपने ऊपर गुस्सा आ रहा था कि यहां क्यों आया। न-जाने यह शैतान कैसे पेश आये। कहीं तैश में आकर मार ही न डाले। मेरे हाथों में तो कोई छुरी भी नहीं। या खुदा! अब तू ही मालिक है। दम रोके हुए खड़ा था कि एक पल का भी मौका मिले, तो निकल भागूं; लेकिन जब उस मरदूद ने किवाड़ों को जोर से धमधमाना शुरू किया, तब तो रूह ही फना हो गई। इधर-उधर निगाह डाली कि किसी कोने में छिपने की जगह है, या नहीं। किवाड़ के दराजों से कुछ रोशनी आ रही थी! ऊपर जो निगाह उठाई, तो एक मचान-सा दिखाई दिया। डूबते को तिनके का सहारा मिल गया। उचककर चाहता था कि ऊपर चढ़ जाऊं कि मचान पर एक आदमी को बैठे देखकर उस हालत में मेरे मुंह से चीख निकल गई। यह हजरत अचकन पहने, घड़ी लगाये, एक खूबसूरत साफा बांधे, उकडूं बैठे हुए थे। अब मुझे मालूम हुआ कि मेरे लिए दरवाजा खोलने में हसीना ने इतनी देर क्यों की थी। अभी इनको देख ही रहा था कि दरवाजे पर मूसल की चोटें पड़ने लगीं। मामूली किवाड़ तो थे ही, तीन-चार चोटों में दोनों किवाड़ नीचे आ रहे और वह मरदूद लालटेन लिए कमरे में घुसा। उस वक्त मेरी क्या हालत थी, इसका अंदाजा आप खुद कर सकते हैं। उसने मुझे देखते ही लालटेन रख दी और मेरी गर्दन पकड़कर बोला—अच्छा, आप यहां तशरीफ रखते हैं।

आइए, आपकी कुछ खातिर करूं। ऐसे मेहमान रोज कहां मिलते हैं।

यह कहते हुए उसने मेरा एक हाथ पकड़कर इतने जोर से बाहर की तरफ ढकेला कि मैं आंगन में औंधा जा गिरा। उस शैतान की आंखों से अंगारे निकल रहे थे। मालूम होता था, उसके होंठ मेरा खून चूसने के लिए बढ़े आ रहे हैं। मैं अभी जमीन से उठने भी न पाया था कि वह कसाई एक बड़ा-सा तेज छुरा लिए मेरी गरदन पर आ पहुंचा; मगर जनाब, हूं पुलिस का आदमी। उस वक्त मुझे एक चाल सूझ गई। उसने मेरी जान बचा ली, वरना आज आपके साथ तांगे पर न बैठा होता। मैंने हाथ जोड़कर कहा—हुजूर, मैं बिलकुल बेकसूर हूं। मैं तो मीर साहब के साथ आया था।

उसने गरज कर पूछा—कौन मीर साहब ? मैंने जी कड़ा करके कहा—वही, जो मचान पर बैठे हुए हैं। मैं तो हुजूर का गुलाम ठहरा, जहां हुक्म पाऊंगा, आपके साथ जाऊंगा। मेरी इसमें क्या खता है ?

'अच्छा, तो कोई मीर साहब मचान पर भी तशरीफ रखते हैं ?'

उसने मेरा हाथ पकड़ लिया और कोठरी में जाकर मचान पर देखा। वह हजरत सिमटे-सिमटाये, भीगी बिल्ली बने बैठे थे। चेहरा ऐसा पीला पड़ गया था, गोया बदन में जान ही नहीं।

उसने उनका हाथ पकड़कर एक झटका दिया तो आप धम-से नीचे आ रहे। उनका ठाठ देखकर अब इसमें कोई शुबहा न रहा कि वह मेरे मालिक हैं। उनकी सूरत देखकर उस वक्त तरस के साथ हंसी आती थी।

'तू कौन है बे ?'

'जी, मैं.....मेरा मकान, यह आदमी झूठा है, यह मेरा नौकर नहीं है।'

'तू यहां क्या करने आया था ?'

'मुझे यही बदमाश (मेरी तरफ देखकर) धोखा देकर लाया था।'

'यह क्यों नहीं कहता कि मजे उड़ाने आया था। दूसरों पर इल्जाम रखकर अपनी जान बचाना चाहता है, सुअर ? ले, तू भी क्या समझेगा कि किसके पाले पड़ा था।'

यह कहकर उसने उसी तेज छुरे से उन साहब की नाक काट ली। मैं मौका पाकर बेतहाशा भागा, लेकिन 'हाय-हाय' की आवाज मेरे कानों में आ रही थी। इसके बाद उन दोनों में कैसी छनी, हसीना के सिर पर क्या आफत आई, इसकी मुझे कुछ खबर नहीं। मैं तब से बीसों बार सदर आ चुका हूं, पर उधर भूलकर भी नहीं गया। यह पत्थर फेंकने वाले हजरत वही हैं, जिनकी नाक कटी थी। आज न जाने कहां से दिखाई पड़ गये और मेरी शामत आई कि उन्हें सलाम कर बैठा। आपने उनकी नाक की तरफ शायद ख्याल नहीं किया।

मुझे अब ख्याल आया कि उस आदमी की नाक कुछ चिपटी थी। बोला—हां, नाक कुछ चिपटी तो थी। मगर आपने उस गरीब को बुरा चरका दिया।

'और करता ही क्या?'

'आप दोनों मिलकर उस आदमी को क्या न दबा लेते?'

'जरूर दबा लेते; मगर चोर का दिल आधा होता है। उस वक्त अपनी-अपनी पड़ी थी कि मुकाबला करने की सूझती। कहीं उस रमझल्ले में धर लिया जाता, तो आबरू अलग जाती और नौकरी से अलग हाथ धोता। मगर अब इस आदमी से होशियार रहना पड़ेगा।'

इतने में चौक आ गया और हम दोनों ने अपनी-अपनी राह ली।

●●●

ईदगाह

रमज़ान के पूरे तीस रोज़ों के बाद आज ईद आयी है। कितना मनोहर, कितना सुहावना प्रभात है। वृक्षों पर कुछ अजीब हरियाली है, खेतों में कुछ अजीब रौनक है, आसमान पर कुछ अजीब लालिमा है। आज का सूर्य देखो, कितना प्यारा, कितना शीतल है, मानो संसार को ईद की बधाई दे रहा है। गांव में कितनी हलचल है। ईदगाह जाने की तैयारियां हो रही हैं। किसी के कुरते में बटन नहीं है। पड़ोस के घर सुई-धागा लेने दौड़ा जा रहा है। किसी के जूते कड़े हो गये हैं। उनमें तेल डालने के लिए तेली के घर भागा जाता है। जल्दी-जल्दी बैलों को सानी-पानी दे दें। ईदगाह से लौटते-लौटते दोपहर हो जायेगी। तीन कोस का पैदल रास्ता, फिर सैकड़ों आदमियों से मिलना-भेंटना। दोपहर के पहले लौटना असम्भव है। लड़के सबसे ज्यादा प्रसन्न हैं। किसी ने एक रोज़ा रखा है, वह भी दोपहर तक, किसी ने वह भी नहीं; लेकिन ईदगाह जाने की खुशी उनके हिस्से की चीज है। रोजे बड़े-बूढ़ों के लिए होंगे। इनके लिए तो ईद है। रोज़ ईद का नाम रटते थे। आज वह आ गयी। अब जल्दी पड़ी है कि लोग ईदगाह क्यों नहीं चलते। इन्हें गृहस्थी की चिंताओं से क्या प्रयोजन! सेवैयों के लिए दूध और शक्कर घर में है या नहीं, इनकी बला से ये तो सेवैयां खायेंगे। वह क्या जानें कि अब्बाजान क्यों बदहवास चौधरी कायमअली के घर दौड़े जा रहे हैं। उन्हें क्या खबर कि चौधरी आज आंखें बदल लें, तो यह सारी ईद मुहर्रम हो जाय। उनकी अपनी जेबों में तो कुबेर का धन भरा हुआ है। बार-बार जेब से अपना खजाना निकालकर गिनते हैं और खुश होकर फिर रख लेते

हैं। महमूद गिनता है, एक–दो, दस–बारह। उसके पास बारह पैसे हैं। मोहसिन के पास एक, दो, तीन, आठ, नौ, पन्द्रह पैसे हैं। इन्हीं अनगिनती पैसों में अनगिनती चीजें लायेंगे—खिलौने, मिठाइयां, बिगुल, गेंद और न जाने क्या–क्या। और सबसे ज्यादा प्रसन्न है हामिद। वह चार–पांच साल का गरीब–सूरत, दुबला–पतला लड़का, जिसका बाप गत वर्ष हैजे की भेंट हो गया और मां न जाने क्यों पीली होती–होती एक दिन मर गयी। किसी को पता न चला, क्या बीमारी है। कहती भी तो कौन सुनने वाला था। दिल पर जो कुछ बीतती थी, वह दिल में ही सहती थी और जब न सहा गया तो संसार से विदा हो गयी। अब हामिद अपनी बूढ़ी दादी अमीना की गोद में सोता है और उतना ही प्रसन्न है। उसके अब्बाजान रुपये कमाने गये हैं। बहुत–सी थैलियां लेकर आयेंगे। अम्मीजान अल्लाह मियां के घर से उसके लिए बड़ी अच्छी–अच्छी चीजें लाने गयी हैं; इसलिए हामिद प्रसन्न है। आशा तो बड़ी चीज है, और फिर बच्चों की आशा! उनकी कल्पना तो राई का पर्वत बना लेती है। हामिद के पांव में जूते नहीं हैं, सिर पर एक पुरानी–धुरानी टोपी है, जिसका गोट काला पड़ गया है, फिर भी वह प्रसन्न है। जब उसके अब्बाजान थैलियां और अम्मीजान नियामतें लेकर आयेंगी, तो वह दिल के अरमान निकाल लेगा। तब देखेगा महमूद, मोहसिन, नूरे और सम्मी कहां से उतने पैसे निकालेंगे। अभागिन अमीना अपनी कोठरी में बैठी रो रही है। आज ईद का दिन और उसके घर में दाना नहीं! आज आबिद होता तो क्या इसी तरह ईद आती और चली जाती! इस अधंकार और निराशा में वह डूबी जा रही थी। किसने बुलाया था इस निगोड़ी ईद को। इस घर में उसका काम नहीं है, लेकिन हामिद! उसे किसी के मरने–जीने से क्या मतलब ? उसके अन्दर प्रकाश है, बाहर आशा। विपत्ति अपना सारा दल–बल लेकर आये, हामिद की आनन्द–भरी चितवन उसका विध्वंस कर देगी।

हामिद भीतर जाकर दादी से कहता है—तुम डरना नहीं अम्मां, मैं सबसे पहले आऊंगा। बिलकुल न डरना!

अमीना का दिल कचोट रहा था। गांव के बच्चे अपने-अपने बाप के साथ जा रहे हैं। हामिद का बाप अमीना के सिवा और कौन है? उसे कैसे अकेले मेले में जाने दे। उस भीड़-भाड़ में बच्चा कहीं खो जाय तो क्या हो। नहीं; अमीना उसे यों न जाने देगी। नन्ही-सी जान! तीन कोस चलेगा कैसे! पैर में छाले पड़ जायेंगे। जूते भी तो नहीं हैं। वह थोड़ी-थोड़ी दूर पर उसे गोद ले लेगी; लेकिन यहां सेवैयां कौन पकायेगा? पैसे होते तो लौटते-लौटते सब सामग्री जमा करके चटपट बना लेती। यहां तो घण्टों चीजें जमा करते लगेंगे। मांगे ही का तो भरोसा ठहरा। उस दिन फहीमन के कपड़े सिये थे। आठ आने पैसे मिले थे। उस अठन्नी को ईमान की तरह बचाती चली आती थी इसी ईद के लिए, लेकिन कल ग्वालन सिर पर सवार हो गयी तो क्या करती। हामिद के लिए कुछ नहीं है, तो दो पैसे का दूध तो चाहिए ही। अब तो कुल दो आने पैसे बच रहे हैं। तीन पैसे हामिद की जेब में, पांच अमीना के बटवे में। यही तो बिसात है और ईद का त्योहार! अल्लाह ही बेड़ा पार लगावे। धोबन और नाईन और मेहतरानी और चूड़िहारिन सभी तो आयेंगी। सभी को सेवैयां चाहिए और थोड़ा किसी की आंखों नहीं लगता। किस-किससे मुंह चुरायेगी। और मुंह क्या चुराये? साल भर का त्योहार है। ज़िन्दगी खैरियत से रहे, उनकी तकदीर भी तो उसी के साथ है। बच्चे को खुदा सलामत रक्खे, ये दिन भी कट जायेंगे।

गांव से मेला चला। और बच्चों के साथ हामिद भी जा रहा था। कभी सबके सब दौड़कर आगे निकल जाते। फिर किसी पेड़ के नीचे खड़े होकर साथ वालों का इन्तज़ार करते। ये लोग क्यों इतना धीरे-धीरे चल रहे हैं। हामिद के पैरों में तो जैसे पर लग गये हैं। वह कभी थक सकता है! शहर का दामन आ गया। सड़क के दोनों ओर अमीरों के बगीचे हैं। पक्की चारदीवारी बनी हुई है। पेड़ों में आम और लीचियां लगी हुई हैं। कभी-कभी कोई लड़का कंकड़ी उठाकर आम पर निशाना लगाता है। माली अन्दर से गाली देता हुआ निकलता

है। लड़के वहां से एक फर्लांग पर हैं। खूब हंस रहे हैं। माली को कैसे उल्लू बनाया है।

बड़ी-बड़ी इमारतें आने लगीं; यह अदालत है, यह कॉलेज है, यह क्लब-घर है। इतने बड़े कॉलेज में कितने लड़के पढ़ते होंगे? सब लड़के नहीं हैं जी! बड़े-बड़े आदमी हैं, सच उनकी बड़ी-बड़ी मूंछें हैं। इतने बड़े हो गये, अभी तक पढ़ने जाते हैं। न जाने कब तक पढ़ेंगे और क्या करेंगे इतना पढ़कर। हामिद के मदरसे में दो-तीन बड़े-बड़े लड़के हैं, बिलकुल तीन कौड़ी के, रोज़ मार खाते हैं, काम से जी चुराने वाले। इस जगह भी उसी तरह के लोग होंगे और क्या। क्लब-घर में जादू होता है। सुना है, यहां मुरदे की खोपड़ियां दौड़ती हैं। और बड़े-बड़े तमाशे होते हैं। पर किसी को अन्दर नहीं जाने देते। और यहां शाम को साहब लोग खेलते हैं। बड़े-बड़े आदमी खेलते हैं, मूंछों, दाढ़ी वाले और मेमें खेलती हैं, सच! हमारी अम्मां को वह दे दो, क्या नाम है, बैट, तो उसे पकड़ ही न सकें। घुमाते ही लुढ़क न जायें।

महमूद ने कहा—हमारी अम्मीजान का तो हाथ कांपने लगे, अल्ला कसम।

मोहसिन बोला—अम्मी मनों आटा पीस डालती हैं। जरा-सा बैट पकड़ लेंगी, तो हाथ कांपने लगे। सैकड़ों घड़े पानी रोज़ निकालती हैं। पांच घड़े तो मेरी भैंस पी जाती है। किसी मेम को एक घड़ा पानी भरना पड़े तो आंखों तले अंधेरा आ जाय।

महमूद—लेकिन दौड़ती तो नहीं, उछल-कूद तो नहीं सकतीं।

मोहसिन—हां उछल-कूद नहीं सकतीं; लेकिन उस दिन मेरी गाय खुल गयी थी और चौधरी के खेत में जा पड़ी थी, तो अम्मां इतनी तेज दौड़ीं कि मैं उन्हें न पा सका, सच?

आगे चले। हलवाइयों की दुकानें शुरू हुईं। आज खूब सजी हुई थीं। इतनी मिठाइयां कौन खाता है। देखो न, एक-एक दुकान पर मनों होंगी। सुना है, रात को जिन्नात आकर खरीद ले जाते हैं। अब्बा

कहते थे कि आधी रात को एक आदमी हर दुकान पर जाता है और जितना माल बचा होता है, वह तुलवा लेता है और सचमुच के रुपये देता है, बिलकुल ऐसे ही रुपये।

हामिद को यकीन न आया—ऐसे रुपये जिन्नात को कहां से मिल जायेंगे?

मोहसिन ने कहा—जिन्नात को रुपये की क्या कमी? जिस खजाने में चाहें, चले जायें। लोहे के दरवाजे तक उन्हें नहीं रोक सकते जनाब, आप हैं किस फेर में। हीरे-जवाहरात तक उनके पास रहते हैं, जिससे खुश हो गये, उसे टोकरों जवाहरात दे दिये। अभी यहीं बैठे हैं, पांच मिनट में कहो कलकत्ता पहुंच जायें।

हामिद ने फिर पूछा—जिन्नात बहुत बड़े-बड़े होते होंगे?

मोहसिन—एक-एक आसमान के बराबर होता है जी! जमीन पर खड़ा हो जाय तो उसका सिर आसमान से जा लगे, मगर चाहें तो एक लोटे में घुस जायें।

हामिद—लोग उन्हें कैसे खुश करते होंगे? कोई मुझे वह मन्तर बता दे, तो एक जिन्न को खुश कर लूं।

मोहसिन—अब यह तो मैं नहीं जानता, लेकिन चौधरी साहब के काबू में बहुत से जिन्नात हैं। कोई चीज चोरी जाय, चौधरी साहब उसका पता लगा देंगे और चोर का नाम भी बता देंगे। जुमराती का बछवा उस दिन खो गया था। तीस दिन हैरान हुए, कहीं न मिला। तब झख मारकर चौधरी के पास गये। चौधरी ने तुरन्त बता दिया कि मवेशीखाने में है, और वहीं मिला। जिन्नात आकर उन्हें सारे जहान की खबरें दे जाते हैं।

अब उसकी समझ में आ गया कि चौधरी के पास क्यों इतना धन है, और क्यों उनका इतना सम्मान है।

आगे चले! यह पुलिस लाइन है। यहीं सब कानिसटिबल कवायत करते हैं। रैटन! फाय फो! रात को बेचारे घूम-घूमकर पहरा देते हैं, नहीं चोरियां हो जायें। मोहसिन ने प्रतिवाद किया—यह कानिसटिबल

पहरा देते हैं? तभी तुम बहुत जानते हो। अजी हजरत, यही चोरी कराते हैं। शहर के जितने चोर-डाकू हैं, सब इनसे मिले रहते हैं। रात को ये लोग चोरों से तो कहते हैं, चोरी करो और आप दूसरे मुहल्ले में जाकर 'जागते रहो! जागते रहो?' पुकारते हैं। जभी इन लोगों के पास इतने रुपये आते हैं। मेरे मामू एक थाने में कानिसटिबल हैं। बीस रुपया महीना पाते हैं; लेकिन पचास रुपये घर भेजते हैं। अल्ला कसम! मैंने एक बार पूछा था कि मामू, आप इतने रुपये कहां से पाते हैं? हंसकर कहने लगे—बेटा, अल्लाह देता है। फिर आप ही बोले—हम लोग चाहें तो एक दिन में लाखों मार लायें। हम तो इतना ही लेते हैं, जिसमें अपनी बदनामी न हो और नौकरी न चली जाय।

हामिद ने पूछा—यह लोग चोरी करवाते हैं तो कोई इन्हें पकड़ता नहीं?

मोहसिन उसकी नादानी पर दया दिखाकर बोला—अरे पागल, इन्हें कौन पकड़ेगा। पकड़ने वाला तो यह खुद है; लेकिन अल्लाह इन्हें सजा भी खूब देता है। हराम का माल हराम में जाता है। थोड़े ही दिन हुए, मामू के घर में आग लग गयी। सारी लेई-पूंजी जल गयी। एक बरतन तक न बचा। कई दिन पेड़ के नीचे सोये, अल्ला कसम, पेड़ के नीचे। फिर न जाने कहां से एक सौ कर्ज लाये तो बरतन-भांडे आये।

हामिद—एक सौ तो पचास से ज्यादा होते हैं?

कहां पचास कहां एक सौ। पचास एक थैली-भर होता है। सौ तो दो थैलियों में भी न आवें।

अब बस्ती घनी होने लगी थी। ईदगाह जाने वालों की टोलियां नजर आने लगीं। एक-से एक भड़कीले वस्त्र पहने हुए। कोई इक्के-तांगे पर सवार, कोई मोटर पर, सभी इत्र में बसे; सभी के दिलों में उमंग। ग्रामीणों का यह छोटा-सा दल अपनी विपन्नता से बेखबर, सन्तोष और धैर्य में मगन चला जा रहा था। बच्चों के लिए नगर की सभी चीजें अनोखी थीं। जिस चीज की ओर ताकते, ताकते ही रह

जाते। और पीछे से बार-बार हॉर्न की आवाज होने पर भी न चेतते। हामिद तो मोटर के नीचे जाते-जाते बचा।

सहसा ईदगाह नजर आया। ऊपर इमली के घने वृक्षों की छाया। नीचे पक्का फर्श है, जिस पर जाजिम बिछा हुआ है। और रोज़ेदारों की पंक्तियां एक के पीछे एक न जाने कहां तक चली गयी हैं, पक्के जगत के नीचे तक, जहां जाजिम भी नहीं है। नये आने वाले आकर पीछे की कतार में खड़े हो जाते हैं। आगे जगह नहीं है। यहां कोई धन और पद नहीं देखता। इस्लाम की निगाह में सब बराबर हैं। इन ग्रामीणों ने भी वजू किया और पिछली पंक्ति में खड़े हो गये। कितना सुन्दर संचालन है, कितनी सुन्दर व्यवस्था! लाखों सिर एक साथ सिजदे में झुक जाते हैं, फिर सब-के-सब एक साथ खड़े हो जाते हैं, एक साथ झुकते हैं और एक साथ घुटनों के बल बैठ जाते हैं। कई बार यही क्रिया होती है, जैसे बिजली की लाखों बत्तियां एक साथ प्रदीप्त हों और एक साथ बुझ जायें, और यही क्रम चलता रहे। कितना अपूर्व दृश्य था, जिसकी सामूहिक क्रियाएं, विस्तार और अनन्तता हृदय को श्रद्धा, गर्व और आत्मानन्द से भर देती थीं, मानो भ्रातृत्व का एक सूत्र इन समस्त आत्माओं को एक लड़ी में पिरोये हुए है।

❑❑

नमाज खत्म हो गयी है। लोग आपस में गले मिल रहे हैं। तब मिठाई और खिलौने की दुकानों पर धावा होता है। ग्रामीणों का यह दल इस विषय में बालकों से कम उत्साही नहीं है। यह देखो, हिंडोला है। एक पैसा देकर चढ़ जाओ। कभी आसमान पर जाते हुए मालूग होंगे, कभी जमीन पर गिरते हुए। यह चर्खी है, लकड़ी के हाथी, घोड़े, ऊंट छड़ों से लटके हुए हैं। एक पैसा देकर बैठ जाओ और पच्चीस चक्करों का मजा लो। महमूद और मोहसिन और नूरे और सम्मी इन घोड़ों और ऊंटों पर बैठते हैं। हामिद दूर खड़ा है। तीन ही पैसे तो उसके पास हैं। अपने कोष का तिहाई जरा-सा चक्कर खाने के लिए नहीं दे सकता।

सब चर्खियों से उतरते हैं। अब खिलौने लेंगे। इधर दुकानों की कतार लगी हुई है। तरह-तरह के खिलौने हैं—सिपाही और गुजरिया, राजा और वकील, भिश्ती और धोबिन और साधु। वाह! कितने सुन्दर खिलौने हैं। अब बोला ही चाहते हैं। महमूद सिपाही लेता है, खाकी वर्दी और लाल पगड़ी वाला, कन्धे पर बन्दूक रखे हुए। मालूम होता है, अभी कवायद किये चला आ रहा है। मोहसिन को भिश्ती पसन्द आया। कमर झुकी है, ऊपर मशक रखे हुए है। मशक का मुंह एक हाथ से पकड़े हुए है। कितना प्रसन्न है। शायद कोई गीत गा रहा है। बस, मशक से पानी उड़ेला ही चाहता है। नूरे को वकील से प्रेम है। कैसी विद्वत्ता है उसके मुख पर। काला चोगा, नीचे सफेद अचकन, अचकन के सामने की जेब में घड़ी, सुनहरी जंजीर, एक हाथ में कानून का पोथा लिए हुए। मालूम होता है, अभी किसी अदालत से जिरह या बहस किये चले आ रहे हैं। यह सब दो-दो पैसे के खिलौने हैं। हामिद के पास कुल तीन पैसे हैं; इतने महंगे खिलौने वह कैसे ले? खिलौना कहीं हाथ से छूट पड़े, तो चूर-चूर हो जाय। जरा पानी पड़े तो सारा रंग धुल जाय। ऐसे खिलौने लेकर वह क्या करेगा; किस काम के!

मोहसिन—मेरा भिश्ती रोज़ पानी दे जायेगा; सांझ-सवेरे।

महमूद—और मेरा सिपाही घर का पहरा देगा। कोई चोर आवेगा, तो फौरन बन्दूक से फैर कर देगा।

नूरे—और मेरा वकील खूब मुकदमा लड़ेगा।

सम्मी—और मेरी धोबिन रोज़ कपड़े धोयेगी।

हामिद खिलौने की निन्दा करता है—मिट्टी ही के तो हैं, गिरे तो चकनाचूर हो जायें, लेकिन ललचायी हुई आंखों से खिलौनों को देख रहा है और चाहता है कि जरा देर के लिए उन्हें हाथ में ले सकता। उसके हाथ अनायास ही लपकते हैं; लेकिन लड़के इतने त्यागी नहीं होते, विशेषकर जब अभी नया शौक है। हामिद ललचाता रह जाता है।

खिलौनों के बाद मिठाइयां आती हैं। किसी ने रेवड़ियां ली हैं,

किसी ने गुलाबजामुन, किसी ने सोहनहलुआ। मजे से खा रहे हैं। हामिद उनकी बिरादरी से पृथक है। अभागे के पास तीन पैसे हैं। क्यों नहीं कुछ लेकर खाता? ललचायी आंखों से सबकी ओर देखता है।

मोहसिन कहता है—हामिद, रेवड़ी ले जा, कितनी खुशबूदार है।

हामिद को सन्देह हुआ, यह केवल क्रूर विनोद है, मोहसिन इतना उदार नहीं है; लेकिन यह जानकर भी वह उसके पास जाता है। मोहसिन दोने से एक रेवड़ी निकालकर हामिद की ओर बढ़ाता है। हामिद हाथ फैलाता है। मोहसिन रेवड़ी अपने मुंह में रख लेता है। महमूद, नूरे और सम्मी खूब तालियां बजा-बजाकर हंसते हैं। हामिद खिसिया जाता है।

मोहसिन—अच्छा, अबकी जरूर देंगे हामिद, अल्ला कसम, ले जाव।

हामिद—रखे रहो। क्या मेरे पास पैसे नहीं हैं?

सम्मी—तीन ही पैसे तो हैं। तीन पैसे में क्या-क्या लोगे?

महमूद—हमसे गुलाबजामुन ले जाव हामिद! मोहसिन बदमाश है।

हामिद—मिठाई कौन बड़ी नेमत है। किताब में इसकी कितनी बुराइयां लिखी हैं।

मोहसिन—लेकिन दिल में कह रहे होंगे कि मिले तो खा लें। अपने पैसे क्यों नहीं निकालते?

महमूद—हम समझते हैं इसकी चालाकी। जब हमारे सारे पैसे खर्च हो जायेंगे, तो हमें ललचा-ललचाकर खायेगा।

मिठाइयों के बाद कुछ दुकानें लोहे की चीजों की हैं। कुछ गिलट और कुछ नकली गहनों की। लड़कों के लिए यहां कोई आकर्षण न था। वह सब आगे बढ़ जाते हैं। हामिद लोहे की दुकान पर रुक जाता है। कई चिमटे रखे हुए थे। उसे खयाल आया, दादी के पास चिमटा नहीं है। तवे से रोटियां उतारती हैं, तो हाथ जल जाता है; अगर वह चिमटा ले जाकर दादी को दे दे, तो वह कितनी प्रसन्न होंगी? फिर

उनकी उंगलियां कभी न जलेंगी। घर में एक काम की चीज हो जायेगी। खिलौने से क्या फायदा। व्यर्थ में पैसे खराब होते हैं। जरा देर ही तो खुशी होती है। फिर तो खिलौनों को कोई आंख उठाकर नहीं देखता। या तो घर पहुंचते-पहुंचते टूट-फूट बराबर हो जायेंगे, या छोटे बच्चे जो मेले में नहीं आये हैं, ज़िद करके ले लेंगे और तोड़ डालेंगे। चिमटा कितने काम की चीज है। रोटियां तवे से उतार लो, चूल्हे में सेंक लो। कोई आग मांगने आवे तो चटपट चूल्हे से आग निकालकर उसे दे दो। अम्मां बेचारी को कहां फुर्सत है कि बाजार आयें, और इतने पैसे ही कहां मिलते हैं। रोज हाथ जला लेती हैं। हामिद के साथी आगे बढ़ गये हैं। सबील पर सब-के-सब शर्बत पी रहे हैं। देखो, सब कितने लालची हैं। इतनी मिठाइयां लीं, मुझे किसी ने एक भी न दी। उस पर कहते हैं, मेरे साथ खेलो। मेरा यह काम करो। अब अगर किसी ने कोई काम करने को कहा, तो पूछूंगा। खायें मिठाइयां, आप मुंह सड़ेगा, फोड़े-फुन्सियां निकलेंगी, आप ही जबान चटोरी हो जायेगी। तब घर के पैसे चुरायेंगे और मार खायेंगे। किताब में झूठी बातें थोड़े ही लिखी हैं। मेरी जबान क्यों खराब होगी। अम्मां चिमटा देखते ही दौड़कर मेरे हाथ से ले लेंगी और कहेंगी—मेरा बच्चा अम्मां के लिए चिमटा लाया है। हजारों दुआएं देंगी। फिर पड़ोस की औरतों को दिखायेंगी। सारे गांव में चर्चा होने लगेगी, हामिद चिमटा लाया है। कितना अच्छा लड़का है। इन लोगों के खिलौनों पर कौन दुआएं देगा। बड़ों की दुआएं सीधे अल्लाह के दरबार में पहुंचती हैं, और तुरन्त सुनी जाती हैं। मेरे पास पैसे नहीं हैं। तभी तो मोहसिन और महमूद यों मिजाज दिखाते हैं। मैं भी इनसे मिजाज दिखाऊंगा। खेलें खिलौने और खायें मिठाइयां। मैं नहीं खेलता खिलौने, किसी का मिजाज क्यों सहूं। मैं गरीब सही, किसी से कुछ मांगने तो नहीं जाता। आखिर अब्बाजान कभी-न-कभी आयेंगे। अम्मां भी आयेंगी ही। फिर इन लोगों से पूछूंगा, कितने खिलौने लोगे? एक-एक को टोकरियों खिलौने दूं और दिखा दूं कि दोस्तों के

साथ इस तरह सलूक किया जाता है। यह नहीं कि एक पैसे की रेवड़ियां लीं तो चिढ़ा-चिढ़ाकर खाने लगे। सब-के-सब खूब हंसेंगे कि हामिद ने चिमटा लिया है। हंसें! मेरी बला से। उसने दुकानदार से पूछा—यह चिमटा कितने का है?

दुकानदार ने उसकी ओर देखा और कोई आदमी साथ न देखकर कहा—यह तुम्हारे काम का नहीं है जी?

'बिकाऊ है?'

'बिकाऊ क्यों नहीं है। और यहां क्यों लाद लाये हैं?'

'तो बताते क्यों नहीं, कै पैसे का है?'

'छै पैसे लगेंगे।'

हामिद का दिल बैठ गया।

'ठीक-ठीक पांच पैसे लगेंगे, लेना हो लो, नहीं चलते बनो।'

हामिद ने कलेजा मजबूत करके कहा—तीन पैसे लोगे?

यह कहता हुआ वह आगे बढ़ गया कि दुकानदार की घुड़कियां न सुने। लेकिन दुकानदार ने घुड़कियां नहीं दीं। बुलाकर चिमटा दे दिया। हामिद ने उसे इस तरह कन्धे पर रक्खा, मानो बन्दूक है और शान से अकड़ता हुआ संगियों के पास आया। जरा सुनें, सब-के-सब क्या-क्या आलोचनाएं करते हैं।

मोहसिन ने हंसकर कहा—यह चिमटा क्यों लाया पगले। इसे क्या करेगा! हामिद ने चिमटे को जमीन पर पटककर कहा—जरा अपना भिश्ती जमीन पर गिरा दो। सारी पसलियां चूर-चूर हो जायें बच्चा की।

महमूद बोला—तो यह चिमटा कोई खिलौना है?

हामिद—खिलौना क्यों नहीं? अभी कन्धे पर रखा, बन्दूक हो गयी। हाथ में लिया, फकीरों का चिमटा हो गया। चाहूं तो इससे मजीरे का काम ले सकता हूं। एक चिमटा जमा दूं तो तुम लोगों के सारे खिलौनों की जान निकल जाय। तुम्हारे खिलौने कितना ही जोर लगावें, वे मेरे चिमटे का बाल भी बांका नहीं कर सकते। मेरा बहादुर शेर है—चिमटा।

सम्मी ने खंजरी ली थी। प्रभावित होकर बोला—मेरी खंजरी से बदलोगे? दो आने की है।

हामिद ने खंजरी की ओर उपेक्षा से देखा—मेरा चिमटा चाहे तो तुम्हारी खंजरी का पेट फाड़ डाले। बस, एक चमड़े की झिल्ली लगा दी, ढब-ढब बोलने लगी। जरा-सा पानी लग जाय तो खत्म हो जाय। मेरा बहादुर चिमटा आग में, पानी में, तूफान में बराबर डटा खड़ा रहेगा।

चिमटे ने सभी को मोहित कर लिया; लेकिन अब पैसे किसके पास धरे हैं! फिर मेले से दूर निकल आये हैं, नौ कब के बज गये, धूप तेज हो रही है। घर पहुंचने की जल्दी हो रही थी। बाप से जिद भी करें, तो चिमटा नहीं मिल सकता है। हामिद है बड़ा चालाक। इसीलिए बदमाश ने अपने पैसे बचा रखे थे।

अब बालकों के दो दल हो गये हैं। मोहसिन, महमूद, सम्मी और नूरे एक तरफ हैं, हामिद अकेला दूसरी तरफ। शास्त्रार्थ हो रहा है। सम्मी तो विधर्मी हो गया। दूसरे पक्ष से जा मिला; लेकिन मोहसिन, महमूद और नूरे भी, हामिद से एक-एक, दो-दो साल बड़े होने पर भी हामिद के आघातों से आतंकित हो उठे हैं। उसके पास न्याय का बल है और नीति की शक्ति। एक ओर मिट्टी है, दूसरी ओर लोहा, जो इस वक्त अपने को फौलाद कह रहा है। वह अजेय है, घातक है। अगर कोई शेर आ जाय, तो मियां भिश्ती के छक्के छूट जायें, मियां सिपाही मिट्टी की बन्दूक छोड़कर भागें, वकील साहब की नानी मर जाय, चुगे में मुंह छिपाकर जमीन पर लेट जायें। मगर यह चिमटा, यह बहादुर, यह रुस्तमे-हिन्द लपककर शेर की गरदन पर सवार हो जायेगा और उसकी आंखें निकाल लेगा।

मोहसिन ने एड़ी-चोटी का जोर लगाकर कहा—अच्छा, पानी तो नहीं भर सकता।

हामिद ने चिमटे को सीधा खड़ा करके कहा—भिश्ती को एक डांट बतायेगा, तो दौड़ा हुआ पानी लाकर उसके द्वार पर छिड़कने लगेगा।

मोहसिन परास्त हो गया; पर महमूद ने कुमक पहुंचाई—अगर

बच्चा पकड़ जायें तो अदालत में बंधे-बंधे फिरेंगे। तब वकील साहब के ही पैरों पड़ेंगे।

हामिद इस प्रबल तर्क का जवाब न दे सका। उसने पूछा—हमें पकड़ने कौन आयेगा?

नूरे ने अकड़कर कहा—यह सिपाही बन्दूक वाला।

हामिद ने मुंह चिढ़ाकर कहा—यह बेचारे हमारे बहादुर रुस्तमे-हिन्द को पकड़ेंगे! अच्छा लाओ, अभी जरा कुश्ती हो जाय। इसकी सूरत देखकर दूर से भागेंगे। पकड़ेंगे क्या बेचारे!

मोहसिन को एक नयी चोट सूझ गयी—तुम्हारे चिमटे का मुंह रोज आग में जलेगा।

उसने समझा था कि हामिद लाजवाब हो जायेगा; लेकिन यह बात न हुई। हामिद ने तुरन्त जवाब दिया—आग में बहादुर ही कूदते हैं जनाब, तुम्हारे यह वकील, सिपाही और भिश्ती लौंडियों की तरह घर में घुस जायेंगे। आग में कूदना वह काम है, जो रुस्तमे-हिन्द ही कर सकता है।

महमूद ने एक जोर लगाया—वकील साहब कुर्सी-मेज पर बैठेंगे, तुम्हारा चिमटा तो बाबरचीखाने में जमीन पर खड़ा रहेगा।

इस तर्क ने सम्मी और नूरे को भी सजीव कर दिया। कितने ठिकाने की बात कही है पट्ठे ने। चिमटा बाबरचीखाने में पड़े रहने के सिवा और क्या कर सकता है।

हामिद को कोई फड़कता हुआ जवाब न सूझा तो उसने धांधली शुरू की—मेरा चिमटा बाबरचीखाने में नहीं रहेगा। वकील साहब कुर्सी पर बैठेंगे तो जाकर उन्हें जमीन पर पटक देगा और उनका कानून उनके पेट में डाल देगा।

बात कुछ बनी नहीं। खासी गाली-गलौज थी; कानून को पेट में डालने वाली बात छा गयी। ऐसी छा गयी कि तीनों सूरमा मुंह ताकते रह गये, मानो कोई धेलचा कनकौआ किसी गण्डेवाले कनकौए को काट गया हो। कानून मुंह से बाहर निकलने वाली चीज है। उसको पेट के अन्दर डाल दिया जावे, बेतुकी-सी बात होने पर भी कुछ नयापन रखती है। हामिद ने मैदान मार लिया। उसका चिमटा रुस्तमे-

हिन्द है। अब इसमें मोहसिन, महमूद, नूरे, सिम्मी किसी को भी आपत्ति नहीं हो सकती।

विजेता को हारने वालों से जो चमत्कार मिलना स्वाभाविक है, वह हामिद को भी मिला। औरों ने तीन-तीन, चार-चार आने पैसे खर्च किये; पर कोई काम की चीज न ले सके। हामिद ने तीन-पैसे में रंग जमा लिया। सच ही तो है, खिलौनों का क्या भरोसा? टूट-फूट जायेंगे। हामिद का चिमटा बना रहेगा बरसों!

सन्धि की शर्त तय होने लगी। मोहसिन ने कहा—जरा अपना चिमटा दो, हम भी देखें, तुम हमारा भिश्ती लेकर देखो।

महमूद और नूरे ने भी अपने-अपने खिलौने पेश किये।

हामिद को इन शर्तों के मानने में कोई आपत्ति न थी। चिमटा बारी-बारी से सबके हाथ में गया; और उनके खिलौने बारी-बारी से हामिद के हाथ में आये। कितने खूबसूरत खिलौने हैं।

हामिद ने हारने वाले के आंसू पोंछे—मैं तुम्हें चिढ़ा रहा था, सच। यह लोहे का चिमटा भला इन खिलौनों की क्या बराबरी करेगा; मालूम होता है, अब बोले, अब बोले।

लेकिन मोहसिन की पार्टी को इस दिलासे से संतोष नहीं होता। चिमटे का सिक्का खूब बैठ गया है। चिपका हुआ टिकट अब पानी से नहीं छूट रहा है।

मोहसिन—लेकिन इन खिलौनों के लिए कोई हमें दुआ तो न देगा।

महमूद—दुआ को लिए फिरते हो। उलटे मार न पड़े। अम्मां जरूर कहेंगी कि मेले में मिट्टी के खिलौने तुम्हें मिले?

हामिद को स्वीकार करना पड़ा कि खिलौनों को देखकर किसी की मां इतनी खुश न होंगी, जितनी दादी चिमटे को देखकर होंगी। तीन पैसों ही में तो उसे सब कुछ करना था, और उन पैसों के इस उपयोग पर पछतावे की बिलकुल जरूरत न थी। फिर अब तो चिमटा रुस्तमे-हिन्द है और सभी खिलौनों का बादशाह।

रास्ते में महमूद को भूख लगी। उसके बाप ने केले खाने को

दिये। महमूद ने केवल हामिद को साझी बनाया। उसके अन्य मित्र मुंह ताकते रह गये। यह उस चिमटे का प्रसाद था।

◻◻

ग्यारह बजे सारे गांव में हलचल मच गयी। मेले वाले आ गये। मोहसिन की छोटी बहन ने दौड़कर भिश्ती उसके हाथ से छीन लिया और मारे खुशी के जो उछली, तो मियां भिश्ती नीचे आ रहे और सुरलोक सिधारे। इस पर भाई-बहन में मार-पीट हुई। दोनों खूब रोये। उनकी अम्मां यह शोर सुनकर बिगड़ीं और दोनों को ऊपर से दो-दो चांटे और लगाये।

मियां नूरे के वकील का अन्त उसके प्रतिष्ठानुकूल इससे ज्यादा गौरवमय हुआ। वकील जमीन पर या ताक पर तो नहीं बैठ सकता। उसकी मर्यादा का विचार तो करना ही होगा। दीवार में दो खूंटियां गाड़ी गयीं। उन पर लकड़ी का एक पटरा रक्खा गया। पटरे पर कागज का कालीन बिछाया गया। वकील साहब राजा भोज की भांति सिंहासन पर विराजे। नूरे ने उन्हें पंखा झलना शुरू किया। अदालतों में खस की टट्टियां और बिजली के पंखे रहते हैं। क्या यहां मामूली पंखा भी न हो। कानून की गर्मी दिमाग पर चढ़ जायेगी कि नहीं। बांस का पंखा आया और नूरे हवा करने लगे। मालूम नहीं, पंखे की हवा से या पंखे की चोट से वकील साहब स्वर्गलोक से मर्त्यलोक में आ रहे और उनका माटी का चोला माटी में मिल गया। फिर बड़े जोर-शोर से मातम हुआ और वकील साहब की अस्थि घूर पर डाल दी गयी।

अब रहा महमूद का सिपाही। उसे चटपट गांव का पहरा देने का चार्ज मिल गया; लेकिन पुलिस का सिपाही कोई साधारण व्यक्ति तो था नहीं; जो अपने पैरों चले। वह पालकी पर चलेगा। एक टोकरी आयी, उसमें कुछ लाल रंग के फटे-पुराने चिथड़े बिछाये गये, जिसमें सिपाही साहब आराम से लेटें। नूरे ने यह टोकरी उठायी और अपने द्वार का चक्कर लगाने लगे। उनके दोनों छोटे भाई सिपाही की तरफ से 'छोने वाले, जागते लहो' पुकारते चलते हैं। मगर रात तो अंधेरी ही

होनी चाहिए। महमूद को ठोकर लग जाती है। टोकरी उसके हाथ से छूटकर गिर पड़ती है और मियां सिपाही अपनी बन्दूक लिए जमीन पर आ जाते हैं और उनकी एक टांग में विकार आ जाता है। महमूद को आज ज्ञात हुआ कि वह अच्छा डॉक्टर है। उसको ऐसा मरहम मिल गया है, जिससे वह टूटी टांग को आनन-फानन जोड़ सकते हैं। केवल गूलर का दूध चाहिए। गूलर का दूध आता है। टांग जोड़ दी जाती है; लेकिन सिपाही को ज्यों ही खड़ा किया जाता है, टांग जवाब दे जाती है। शल्यक्रिया असफल हुई। तब उसकी दूसरी टांग भी तोड़ दी जाती है। अब कम-से-कम एक जगह आराम से बैठ तो सकता है। एक टांग से तो न चल सकता था न बैठ सकता था। अब वह सिपाही संन्यासी हो गया है। अपनी जगह पर बैठा-बैठा पहरा देता है। कभी-कभी देवता भी बन जाता है। उसके सिर का झालरदार साफा खुरच दिया गया है। अब उसका जितना रूपान्तर चाहो, कर सकते हो। कभी-कभी तो उससे बाट का काम भी लिया जाता है।

अब मियां हामिद का हाल सुनिये। अमीना उसकी आवाज सुनते ही दौड़ी और उसे गोद में उठाकर प्यार करने लगी। सहसा उसके हाथ में चिमटा देखकर वह चौंकी।

'यह चिमटा कहां था?'

'मैंने मोल लिया है।'

'कै पैसे में।'

'तीन पैसे दिये?'

अमीना ने छाती पीट ली। यह कैसा बेसमझ लड़का है कि दो पहर हुआ, कुछ खाया न पिया। लाया क्या यह चिमटा! सारे मेले में तुझे और कोई चीज न मिली, जो यह लोहे का चिमटा उठा लाया।

हामिद ने अपराधी भाव से कहा—तुम्हारी उंगलियां तवे से जल जाती थीं; इसलिए मैंने इसे ले लिया।

बुढ़िया का क्रोध तुरन्त स्नेह में बदल गया, और स्नेह भी वह नहीं, जो प्रगल्भ होता है और अपनी सारी कसक शब्दों में बिखेर देता है। यह मूक स्नेह था, खूब ठोस, रस और स्वाद से भरा हुआ। बच्चे में कितना त्याग, कितना सद्भाव और कितना विवेक है! दूसरों को

खिलौने लेते और मिठाई खाते देखकर इसका मन कितना ललचाया होगा। इतना जब्त इससे हुआ कैसे? वहां भी इसे अपनी बुढ़िया दादी की याद बनी रही। अमीना का मन गद्गद हो गया।

और अब एक बड़ी विचित्र बात हुई। हामिद के इस चिमटे से भी विचित्र। बच्चे हामिद ने बूढ़े हामिद का पार्ट खेला था। बुढ़िया अमीना बालिका अमीना बन गयी। वह रोने लगी। दामन फैलाकर हामिद को दुआएं देती जाती थी और आंसू की बड़ी-बड़ी बूंदें गिराती जाती थी। हामिद इसका रहस्य क्या समझता!!

●●●

जुलूस

पूर्ण स्वराज्य का जुलूस निकल रहा था। कुछ युवक, कुछ बूढ़े, कुछ बालक झंडियां और झंडे लिये वंदेमातरम् गाते हुए माल के सामने से निकले। दोनों तरफ दर्शकों की दीवारें खड़ी थीं, मानो उन्हें इस लक्ष्य से कोई सरोकार नहीं है, मानो यह कोई तमाशा है और उनका काम केवल खड़े-खड़े देखना है।

शंभूनाथ ने दुकान की पटरी पर खड़े होकर अपने पड़ोसी दीनदयाल से कहा—सब के सब काल के मुंह में जा रहे हैं। आगे सवारों का दल मार-मार भगा देगा।

दीनदयाल ने कहा—महात्मा जी भी सठिया गये हैं। जुलूस निकालने से स्वराज्य मिल जाता तो अब तक कब का मिल गया होता। और जुलूस में हैं कौन लोग, देखो—लौंडे, लफंगे, सिरफिरे। शहर का कोई बड़ा आदमी नहीं।

मैकू चट्टियों और स्लीपरों की माला गरदन से लटकाये खड़ा था। इन दोनों सेठों की बातें सुन कर हंसा।

शंभू ने पूछा—क्यों हंसे मैकू? आज रंग चोखा मालूम होता है।

मैकू—हंसा इस बात पर जो तुमने कही कि कोई बड़ा आदमी जुलूस में नहीं है। बड़े आदमी क्यों जुलूस में आने लगे, उन्हें इस राज में कौन आराम नहीं है? बंगलों और महलों में रहते हैं, मोटरों पर घूमते हैं, साहबों के साथ दावतें खाते हैं, कौन तकलीफ है! मर तो हम लोग रहे हैं जिन्हें रोटियों का ठिकाना नहीं। इस बखत कोई टेनिस खेलता होगा, कोई चाय पीता होगा, कोई ग्रामोफोन लिए गाना

सुनता होगा, कोई पारिक की सैर करता होगा, यहां आये पुलिस के कोड़े खाने के लिए? तुमने भी भली कही?

शंभू—तुम यह सब बातें क्या समझोगे मैकू, जिस काम में चार बड़े आदमी अगुआ होते हैं उसकी सरकार पर भी धाक बैठ जाती है। लौंडों-लफंगों का गोल भला हाकिमों की निगाह में क्या जंचेगा?

मैकू ने ऐसी दृष्टि से देखा, जो कह रही थी—इन बातों के समझने का ठीका कुछ तुम्हीं ने नहीं लिया है और बोला—बड़े आदमी को तो हमी लोग बनाते-बिगाड़ते हैं या कोई और? कितने ही लोग जिन्हें कोई पूछता भी न था, हमारे ही बनाये बड़े आदमी बन गये और अब मोटरों पर निकलते हैं और हमें नीच समझते हैं। यह लोगों की तकदीर की खूबी है कि जिसकी जरा बढ़ती हुई और उसने हमसे आंखें फेरीं। हमारा बड़ा आदमी तो वही है, जो लंगोटी बांधे नंगे पांव घूमता है, जो हमारी दशा को सुधारने के लिए अपनी जान हथेली पर लिये फिरता है। और हमें किसी बड़े आदमी की परवाह नहीं है। सच पूछो, तो इन बड़े आदमियों ने ही हमारी मिट्टी खराब कर रखी है। इन्हें सरकार ने कोई अच्छी-सी जगह दे दी, बस उसका दम भरने लगे।

दीनदयाल—नया दारोगा बड़ा जल्लाद है। चौरास्ते पर पहुंचते ही हंटर लेकर पिल पड़ेगा। फिर देखना, सब कैसे दुम दबा कर भागते हैं। मजा आयेगा।

जुलूस स्वाधीनता के नशे में चूर चौरास्ते पर पहुंचा तो देखा, आगे सवारों और सिपाहियों का एक दस्ता रास्ता रोके खड़ा है।

सहसा दारोगा बीरबल सिंह घोड़ा बढ़ा कर जुलूस के सामने आ गये और बोले—तुम लोगों को आगे जाने का हुक्म नहीं है।

जुलूस के बूढ़े नेता इब्राहिम अली ने आगे बढ़ कर कहा—मैं आपको इत्मीनान दिलाता हूं, किसी किस्म का दंगा-फसाद न होगा। हम दुकानें लूटने या मोटरें तोड़ने नहीं निकले हैं। हमारा मकसद इससे कहीं ऊंचा है।

बीरबल—मुझे यह हुक्म है कि जुलूस यहां से आगे न जाने पाये।

इब्राहिम—आप अपने अफसरों से जरा पूछ न लें।

बीरबल—मैं इसकी कोई जरूरत नहीं समझता।

इब्राहिम—तो हम लोग यहीं बैठते हैं। जब आप लोग चले जायेंगे हम तो निकल जायेंगे।

बीरबल—यहां खड़े होने का भी हुक्म नहीं है। तुमको वापस जाना पड़ेगा।

इब्राहिम ने गंभीर भाव से कहा—वापस तो हम न जायेंगे। आपको या किसी को भी, हमें रोकने का कोई हक नहीं। आप अपने सवारों, संगीनों और बंदूकों के जोर से हमें रोकना चाहते हैं, रोक लीजिए, मगर आप हमें लौटा नहीं सकते। न जाने वह दिन कब आयेगा, जब हमारे भई-बंद ऐसे हुक्मों की तामील करने से साफ इन्कार कर देंगे, जिनकी मंशा महज कौम को गुलामी की जंजीरों में जकड़े रखना है।

बीरबल ग्रेजुएट था। उसका बाप सुपरिंटेंडेंट पुलिस था। उसकी नस-नस में रोब भरा हुआ था। अफसरों की दृष्टि में उसका बड़ा सम्मान था। खासा गोरा-चिट्टा, नीली आंखों और भूरे बालों वाला तेजस्वी पुरुष था। शायद जिस वक्त वह कोट पहन कर ऊपर से हैट लगा लेता तो वह भूल जाता था कि मैं भी यहां का रहने वाला हूं। शायद वह अपने को राज्य करने वाली जाति का अंग समझने लगता था; मगर इब्राहिम के शब्दों में जो तिरस्कार भरा हुआ था, उसने जरा देर के लिये उसे लज्जित कर दिया। पर मुआमला नाजुक था, जुलूस को रास्ता दे देता है, तो जवाब तलब हो जायेगा; वहीं खड़ा रहने देता है, तो यह सब न जाने कब तक खड़े रहें। इस संकट में पड़ा हुआ था कि उसने डी.एस.पी. को घोड़े पर आते देखा। अब सोच-विचार का समय न था। यही मौका था कारगुजारी दिखाने का। उसने कमर से बेटन निकाल लिया और घोड़े को एड़ लगा कर जुलूस पर चढ़ाने लगा। उसे देखते ही और सवारों ने भी घोड़ों को जुलूस पर चढ़ाना शुरू कर दिया। इब्राहिम दारोगा के घोड़े के सामने खड़ा था। उसके

सिर पर एक बेटन ऐसे जोर से पड़ा कि उसकी आंखें तिलमिला गयीं। खड़ा न रह सका। सिर पकड़ कर बैठ गया। उसी वक्त दारोगा जी के घोड़े ने दोनों पांव उठाये और जमीन पर बैठा हुआ इब्राहिम उसके टापों के नीचे आ गया। जुलूस अभी तक शांत खड़ा था। इब्राहिम को गिरते देख कर कई आदमी उसे उठाने के लिए लपके; मगर कोई आगे न बढ़ सका। उधर सवारों के डंडे बड़ी निर्दयता से पड़ रहे थे। लोग हाथों पर डंडों को रोकते थे और अविचलित रूप से खड़े थे। हिंसा के भावों में प्रभावित न हो जाना उसके लिए प्रतिक्षण कठिन होता जाता था। जब आघात और अपमान ही सहना है, तो फिर हम भी इस दीवार को पार करने की क्यों न चेष्टा करें? लोगों को ख्याल आया, शहर के लाखों आदमियों की निगाहें हमारी तरफ लगी हुई हैं। यहां से यह झंडा लेकर हम लौट जायें, तो फिर किस मुंह से आजादी का नाम लेंगे; मगर प्राणरक्षा के लिए भागने का किसी को ध्यान भी न आता था। यह पेट के भक्तों, किराये के टट्टुओं का दल न था। यह स्वाधीनता के सच्चे स्वयंसेवकों का, आजादी के दीवानों का संगठित दल था—अपनी जिम्मेदारियों को खूब समझता था। कितने ही सिरों से खून जारी था, कितने ही के हाथ जख्मी हो गये थे। एक हल्ले में यह लोग सवारों की सफों को चीर सकते थे, मगर पैरों में बेड़ियां पड़ी हुई थीं—सिद्धांत की, धर्म की, आदर्श की। दस-बारह मिनट तक यों ही डंडों की बौछार होती रही और लोग शांत खड़े रहे।

❑❑

इस मार-धाड़ की खबर एक क्षण में बाजार में जा पहुंची। इब्राहिम घोड़े से कुचल गये, कई आदमी जख्मी हो गये, कई के हाथ टूट गये; मगर न वे लोग पीछे फिरते हैं और न पुलिस उन्हें आगे जाने देती है।

मैकू ने उत्तेजित होकर कहा—अब तो भाई, यहां नहीं रहा जाता। मैं भी चलता हूं।

दीनदयाल ने कहा—हम भी चलते हैं भाई, देखी जायेगी।

शम्भू एक मिनट तक मौन खड़ा रहा। एकाएक उसने भी दुकान बढ़ायी और बोला—एक दिन तो मरना ही है, जो कुछ होना है, हो। आखिर वे लोग सभी के लिए तो जान दे रहे हैं। देखते-देखते अधिकांश दुकानें बंद हो गयीं। वह लोग, जो दस मिनट पहले तमाशा देख रहे थे इधर-उधर से दौड़ पड़े और हजारों आदमियों का एक विराट् दल घटनास्थल की ओर चला। यह उन्मत्त, हिंसामद से भरे हुए मनुष्यों का समूह था, जिसे सिद्धांत और आदर्श की परवाह न थी। जो मरने के लिए ही नहीं, मारने के लिए भी तैयार थे। कितनों ही के हाथों में लाठियां थीं, कितने ही जेबों में पत्थर भरे हुए थे। न कोई किसी से कुछ बोलता था, न पूछता था। बस, सब-के-सब मन में एक दृढ़ संकल्प किये लपके चले जा रहे थे, मानो कोई घटा उमड़ी चली आती हो।

इस दल को दूर से देखते ही सवारों में कुछ हलचल पड़ी। बीरबल सिंह के चेहरे पर हवाइयां उड़ने लगीं। डी.एस.पी. ने अपनी मोटर बढ़ायी। शांति और अहिंसा के व्रतधारियों पर डंडे बरसाना और बात थी, एक उन्मत्त दल से मुकाबला करना दूसरी बात। सवार और सिपाही पीछे खिसक गये।

इब्राहिम की पीठ पर घोड़े ने टाप रख दी। वह अचेत जमीन पर पड़े थे। इन आदमियों का शोरगुल सुन कर आप ही आप उनकी आंखें खुल गयीं। एक युवक को इशारे से बुला कर कहा—क्यों कैलाश, क्या कुछ लोग शहर से आ रहे हैं?

कैलाश ने उस बढ़ती हुई घटा की ओर देख कर कहा—जी हां, हजारों आदमी हैं।

इब्राहिम—तो अब खैरियत नहीं है। झंडा लौटा दो। हमें फौरन लौट चलना चाहिए, नहीं तूफान मच जायेगा। हमें अपने भाइयों से लड़ाई नहीं करनी है फौरन लौट चलो।

यह कहते हुए उन्होंने उठने की चेष्टा की, मगर उठ न सके।

इशारे की देर थी। संगठित सेना की भांति लोग हुक्म पाते ही पीछे फिर गये। झंडियों के बांसों, साफों और रूमालों से चटपट एक स्ट्रेचर तैयार हो गया। इब्राहिम को लोगों ने उस पर लिटा दिया और पीछे फिरे। मगर क्या वह परास्त हो गये थे? अगर कुछ लोगों को उन्हें परास्त मानने में ही संतोष हो, तो हो, लेकिन वास्तव में उन्होंने एक युगांतकारी विजय प्राप्त की थी। वे जानते थे, हमारा संघर्ष अपने ही भाइयों से है, जिनके हित परिस्थितियों के कारण हमारे हितों से भिन्न हैं। हमें उनसे वैर नहीं करना है। फिर, वह यह भी नहीं चाहते कि शहर में लूट और दंगे का बाजार गर्म हो जाय और हमारे धर्मयुद्ध का अंत लूटी हुई दुकानें, फूटे हुए सिर हों, उनकी विजय का सबसे उज्ज्वल चिह्न यह था कि उन्होंने जनता की सहानुभूति प्राप्त कर ली थी। वही लोग, जो पहले उन पर हंसते थे; उनका धैर्य और साहस देख कर उनकी सहायता के लिये निकल पड़े थे। मनोवृत्ति का यह परिवर्तन ही हमारी असली विजय है। हमें किसी से लड़ाई करने की जरूरत नहीं, हमारा उद्देश्य केवल जनता की सहानुभूति प्राप्त करना है, उसकी मनोवृत्तियों को बदल देना है। जिस दिन हम इस लक्ष्य पर पहुंच जायेंगे, उसी दिन स्वराज्य सूर्य उदय होगा।

◻◻

तीन दिन गुजर गये थे। बीरबल सिंह अपने कमरे में बैठे चाय पी रहे थे और उनकी पत्नी मिट्ठन बाई शिशु को गोद में लिये सामने खड़ी थीं।

बीरबल सिंह ने कहा—मैं क्या करता उस वक्त। पीछे डी.एस.पी. खड़ा था। अगर उन्हें रास्ता दे देता तो अपनी जान मुसीबत में फंसती।

मिट्ठन बाई ने सिर हिला कर कहा—तुम कम से कम इतना तो कर ही सकते थे कि उन पर डंडे न चलाने देते। तुम्हारा काम आदमियों पर डंडे चलाना है? तुम ज्यादा से ज्यादा उन्हें रोक सकते थे। कल को तुम्हें अपराधियों को बेंत लगाने का काम दिया जाय, तो शायद तुम्हें बड़ा आनंद आयेगा, क्यों। बीरबल सिंह ने खिसिया कर कहा—तुम तो बात नहीं समझती हो!

मिट्ठन बाई—मैं खूब समझती हूं। डी.एस.पी. पीछे खड़ा था। तुमने सोचा होगा ऐसी कारगुजारी दिखाने का अवसर शायद फिर कभी मिले या न मिले। क्या तुम समझते हो, उस दल में कोई भला आदमी न था? उसमें कितने आदमी ऐसे थे, जो तुम्हारे जैसों को नौकर रख सकते हैं। विद्या में तो शायद अधिकांश तुमसे बढ़े हुए होंगे। मगर तुम उन पर डंडे चला रहे थे और उन्हें कुचल रहे थे, वाह री जवांमर्दी!

बीरबल सिंह ने बेहयाई की हंसी के साथ कहा—डी.एस.पी. ने मेरा नाम नोट कर लिया है। सच!

दारोगा जी ने समझा था कि यह सूचना देकर वह मिट्ठन बाई को खुश कर देंगे। सज्जनता और भलमनसी आदि ऊपर की बातें हैं, दिल से नहीं, जबान से कही जाती हैं। स्वार्थ दिल की गहराइयों में बैठा होता है। वह गम्भीर विचार का विषय है।

मगर मिट्ठन बाई के मुख पर हर्ष की कोई रेखा न नजर आयी, ऊपर की बातें शायद गहराइयों तक पहुंच गयी थीं! बोलीं—जरूर कर लिया होगा और शायद तुम्हें जल्दी तरक्की भी मिल जाय। मगर बेगुनाहों के खून से हाथ रंग कर तरक्की पायी, तो क्या पायी! यह तुम्हारी कारगुजारी का इनाम नहीं, तुम्हारे देशद्रोह की कीमत है। तुम्हारी कारगुजारी का इनाम तो तब मिलेगा जब तुम किसी खूनी को खोज निकालोगे, किसी डूबते हुए आदमी को बचा लोगे।

एकाएक एक सिपाही ने बरामदे में खड़े होकर कहा—हुजूर, यह लिफाफा लाया हूं। बीरबल सिंह ने बाहर निकल कर लिफाफा ले लिया और भीतर की सरकारी चिट्ठी निकाल कर पढ़ने लगे। पढ़कर उसे मेज पर रख दिया।

मिट्ठन ने पूछा—क्या तरक्की का परवाना आ गया?

बीरबल सिंह ने झेंप कर कहा—तुम तो बनाती हो! आज फिर कोई जुलूस निकलने वाला है। मुझे उसके साथ रहने का हुक्म हुआ है।

मिट्ठन—फिर तो तुम्हारी चांदी है, तैयार हो जाओ। आज फिर वैसे ही शिकार मिलेंगे। खूब बढ़-बढ़कर हाथ दिखलाना! डी.एस.पी. भी जरूर आयेंगे। अबकी तुम इंस्पेक्टर हो जाओगे। सच!

बीरबल सिंह ने माथ सिकोड़ कर कहा—कभी-कभी तुम बेसिर-पैर की बातें करने लगती हो। मान लो, मैं जाकर चुपचाप खड़ा रहूं, तो क्या नतीजा होगा। मैं नालायक समझा जाऊंगा और मेरी जगह कोई दूसरा आदमी भेज दिया जायेगा। कहीं शुबहा हो गया कि मुझे स्वराज्यवादियों से सहानुभूति है, तो कहीं का न रहूंगा। अगर बर्खास्त भी न हुआ तो लैन की हाजिरी तो हो ही जायेगी। आदमी जिस दुनिया में रहता है, उसी का चलन देख कर काम करता है। मैं बुद्धिमान न सही; पर इतना जानता हूं कि ये लोग देश और जाति का उद्धार करने के लिये ही कोशिश कर रहे हैं। यह भी जानता हूं कि सरकार इस ख्याल को कुचल डालना चाहती है। ऐसा गधा नहीं हूं कि गुलामी की जिंदगी पर गर्व करूं; लेकिन परिस्थिति से मजबूर हूं।

बाजे की आवाज कानों में आयी। बीरबल सिंह ने बाहर जाकर पूछा। मालूम हुआ स्वराज्य वालों का जुलूस आ रहा है। चटपट वर्दी पहनी, साफा बांधा और जेब में पिस्तौल रख कर बाहर आये। एक क्षण में घोड़ा तैयार हो गया। कान्स्टेबल पहले ही से तैयार बैठे थे। सब लोग डबल मार्च करते हुए जुलूस की तरफ चले।

❑❑

ये लोग डबल मार्च करते हुए कोई पंद्रह मिनट में जुलूस के सामने पहुंच गये। इन लोगों को देखते ही अगणित कंठों से 'वंदेमातरम्' की एक ध्वनि निकली; मानो मेघमंडल में गर्जन का शब्द हुआ हो, फिर सन्नाटा छा गया। उस जुलूस में और इस जुलूस में कितना अंतर था! वह स्वराज्य के उत्सव का जुलूस था, यह एक शहीद के मातम का। तीन दिन के भीषण ज्वर और वेदना के बाद आज उस जीवन का अंत हो गया, जिसने कभी पद की लालसा नहीं की, कभी अधिकार के सामने सिर नहीं झुकाया। उन्होंने मरते समय वसीयत की थी कि मेरी लाश को गंगा में नहलाकर दफन किया जाय और मेरे

मजार पर स्वराज्य का झंडा खड़ा किया जाय। उनके मरने का समाचार फैलते ही सारे शहर पर मातम का पर्दा-सा पड़ गया। जो सुनता था, एक बार इस तरह चौंक पड़ता था, जैसे उसे गोली लग गयी हो और तुरंत उनके दर्शनों के लिए भागता था। सारे बाजार बंद हो गये, इक्कों और तांगों का कहीं पता न था जैसे शहर लुट गया हो। देखते-देखते सारा शहर उमड़ पड़ा। जिस वक्त जनाजा उठा, लाख-सवा-लाख आदमी साथ थे। कोई आंख ऐसी न थी, जो आंसुओं से लाल न हो।

बीरबल सिंह अपने कांस्टेबलों और सवारों को पांच-पांच गज के फासले पर जुलूस के साथ चलने का हुक्म देकर खुद पीछे चले गये। पिछली सफों में कोई पचास गज तक महिलाएं थीं। दारोगा ने उसकी तरफ ताका। पहली ही कतार में मिट्ठन बाई नजर आयीं। बीरबल को विश्वास न आया। फिर ध्यान से देखा, वही थी। मिट्ठन ने उनकी तरफ एक बार देखा और आंखें फेर लीं, पर उसकी एक चितवन में कुछ ऐसा धिक्कार, कुछ ऐसी लज्जा, कुछ ऐसी व्यथा, कुछ ऐसी घृणा भरी हुई थी कि बीरबल सिंह की देह में सिर से पांव तक सनसनी-सी दौड़ गयी। वह अपनी दृष्टि में कभी इतने हल्के, इतने दुर्बल, इतने जलील न हुए थे।

सहसा एक युवती ने दारोगा जी की तरफ देख कर कहा—कोतवाल साहब! कहीं हम लोगों पर डंडे न चला दीजिएगा। आपको देख कर भय हो रहा है।

दूसरी बोली—आप ही के कोई भाई तो थे, जिन्होंने उस माल के चौरस्ते पर इस पुरुष पर आघात किये थे।

मिट्ठन ने कहा—आपके कोई भाई न थे, आप खुद थे।

बीसियों ही मुंह से आवाजें निकलीं—अच्छा, यह वही महाशय हैं? महाशय आपको नमस्कार है। यह आप ही की कृपा का फल कि आज हम भी आपके डंडे के दर्शन के लिए आ खड़ी हुई हैं।

बीरबल ने मिट्ठनबाई की ओर आंखों का भाला चलाया; पर मुंह

से कुछ न बोले। एक तीसरी महिला ने फिर कहा—हम एक जलसा करके आपको जयमाल पहनायेंगे और आपका यशोगान करेंगे।

चौथी ने कहा—आप बिलकुल अंगरेज मालूम होते हैं, जभी इतने गोरे हैं!

एक बुढ़िया ने आंखें चढ़ा कर कहा—मेरी कोख में ऐसा बालक जन्मा होता, तो उसकी गर्दन मरोड़ देती!

एक युवती ने उसका तिरस्कार करके कहा—आप भी खूब कहती हैं, माता जी, कुत्ते तक तो नमक का हक अदा करते हैं, यह तो आदमी हैं!

बुढ़िया ने झल्ला कर कहा—पेट के गुलाम, हाय पेट, हाय पेट!

इस पर कई स्त्रियों ने बुढ़िया को आड़े हाथों ले लिया और वह बेचारी लज्जित होकर बोली—अरे, मैं कुछ कहती थोड़े ही हूं। मगर ऐसा आदमी भी क्या, जो स्वार्थ के पीछे अंधा हो जाय।

बीरबल सिंह अब और न सुन सके। घोड़ा बढ़ाकर जुलूस से कई गज पीछे चले गये। मर्द लज्जित करता है, तो हमें क्रोध आता है; स्त्रियां लज्जित करती हैं, तो ग्लानि उत्पन्न होती है। बीरबल सिंह की इस वक्त इतनी हिम्मत न थी कि फिर उन महिलाओं के सामने जाते। अपने अफसरों पर क्रोध आया। मुझी को बार-बार क्यों इन कामों पर तैनात किया जाता है? और लोग भी तो हैं, उन्हें क्यों नहीं लाया जाता? क्या मैं ही सब से गया-बीता हूं। क्या मैं ही सबसे भावशून्य हूं।

मिट्ठी इस वक्त मुझे दिल में कितना कायर और नीच समझ रही होगी? शायद इस वक्त मुझे कोई मार डाले, तो वह जबान भी न खोलेगी। शायद मन में प्रसन्न होगी कि अच्छा हुआ। अभी कोई जाकर साहब से कह दे कि बीरबल सिंह की स्त्री जुलूस में निकली थी, तो कहीं का न रहूं। मिट्ठी जानती है, समझती है, फिर भी निकल खड़ी हुई। मुझसे पूछा तक नहीं। कोई फिक्र नहीं है न, जभी ये बातें समझती हैं, यहां सभी बेफिक्र हैं, कॉलेजों और स्कूलों के

लड़के, मजदूर पेशेवर इन्हें क्या चिंता? मरन तो हम लोगों की है, जिनके बाल-बच्चे हैं और कुल-मर्यादा का ध्यान है। सबकी सब मेरी तरफ कैसे घूर रही थीं, मानो खा जायेंगी।

जुलूस शहर की मुख्य सड़कों से गुजरता हुआ चला जा रहा था। दोनों ओर छतों पर, छज्जों पर, जंगलों पर, वृक्षों पर, दर्शकों की दीवारें-सी खड़ी थीं। बीरबल सिंह को आज उनके चेहरों पर एक नयी स्फूर्ति, एक नया उत्साह, एक नया गर्व झलकता हुआ मालूम होता था। स्फूर्ति थी वृक्षों के चेहरे पर, उत्साह युवकों के और गर्व रमणियों के। यह स्वराज्य के पथ पर चलने का उल्लास था। अब उनको यात्रा का लक्ष्य अज्ञात न था, पथभ्रष्टों की भांति इधर-उधर भटकना न था, दलितों की भांति सिर झुका कर रोना न था। स्वाधीनता का सुनहला शिखर सुदूर आकाश में चमक रहा था। ऐसा जान पड़ता था कि लोगों को बीच के नालों और जंगलों की परवाह नहीं है। सब उस सुनहले लक्ष्य पर पहुंचने के लिए उत्सुक हो रहे हैं।

ग्यारह बजते-बजते जुलूस नदी के किनारे जा पहुंचा, जनाजा उतारा गया और लोग शव को गंगा-स्नान कराने के लिए चले। उसके शीतल, शांत, पीले मस्तक पर लाठी की चोट साफ नजर आ रही थी। रक्त जम कर काला हो गया था। सिर के बड़े-बड़े बाल खून जम जाने से किसी चित्रकार की तूलिका की भांति चिमट गये थे। कई हजार आदमी इस शहीद के अंतिम दर्शनों के लिए मंडल बांध कर खड़े हो गये। बीरबल सिंह पीछे घोड़े पर सवार थे। लाठी की चोट उन्हें भी नजर आयी। उनकी आत्मा ने जोर से धिक्कारा। वह शव की ओर न ताक सके। मुंह फेर लिया। जिस मनुष्य के दर्शनों के लिए, जिनके चरणों की रज मस्तक पर लगाने के लिए लाखों आदमी विकल हो रहे हैं उसका मैंने इतना अपमान किया। उनकी आत्मा इस समय स्वीकार कर रही थी कि उस निर्दय प्रहार में कर्तव्य के भाव का लेश भी न था—केवल स्वार्थ था, कारगुजारी दिखाने की हवस और अफसरों को खुश करने की लिप्सा थी। हजारों आंखें

क्रोध से भरी हुईं उनकी ओर देख रही थीं; पर वह सामने ताकने का साहस न कर सकते थे।

एक कांस्टेबल ने आकर प्रशंसा की—हुजूर का हाथ गहरा पड़ा था। अभी तक खोपड़ी खुली हुई है। सबकी आंखें खुल गयीं।

बीरबल ने उपेक्षा की—मैं इसे अपनी जवांमर्दी नहीं, अपना कमीनापन समझता हूं।

कांस्टेबल ने फिर खुशामद की—बड़ा सरकश आदमी था हुजूर!

बीरबल ने तीव्र भाव से कहा—चुप रहो! जानते भी हो, सरकश किसे कहते हैं? सरकश वे कहलाते हैं, जो डाके मारते हैं, चोरी करते हैं, खून करते हैं। उन्हें सरकश नहीं कहते जो देश की भलाई के लिए अपनी जान हथेली पर लिये फिरते हों। हमारी बदनसीबी है कि जिनकी मदद करनी चाहिए उनका विरोध कर रहे हैं। यह घमंड करने और खुश होने की बात नहीं है, शर्म करने और रोने की बात है।

स्नान समाप्त हुआ। जुलूस यहां से फिर रवाना हुआ।

❑❑

शव को जब खाक के नीचे सुला लोग लौटने लगे तो दो बज रहे थे। मिट्ठन बाई स्त्रियों के साथ-साथ कुछ दूर तक तो आयी, पर क्वीन्स पार्क में आकर ठिठक गयी। घर जाने की इच्छा न हुई। वह जीर्ण, आहत, रक्तरंजित शव, मानो उसके अंतस्तल में बैठा उसे धिक्कार रहा था। पति से उसका मन इतना विरक्त हो गया था कि अब उसे धिक्कारने की भी उसकी इच्छा न थी। ऐसे स्वार्थी मनुष्य पर भय के सिवा और किसी चीज का असर हो सकता है, इसका उसे विश्वास ही न था।

वह बड़ी देर तक पार्क में घास पर बैठी सोचती रही, पर अपने कर्तव्य का कुछ निश्चय न कर सकी। मैके जा सकती थी, किन्तु वहां से महीने दो महीने में फिर इसी घर आना पड़ेगा। नहीं मैं किसी की आश्रित न बनूंगी। क्या मैं अपने गुजर-बसर को भी नहीं कमा सकती? उसने स्वयं भांति-भांति की कठिनाइयों की कल्पना की; पर

आज उसकी आत्मा में न जाने इतना बल कहां से आ गया। इन कल्पनाओं को ध्यान में लाना ही उसे अपनी कमजोरी मालूम हुई।

सहसा उसे इब्राहिम अली की वृद्धा विधवा का ख्याल आया। उसने सुना था, उनके लड़के-बाले नहीं हैं। बेचारी बैठी रो रही होंगी। कोई तसल्ली देने वाला भी पास न होगा। वह उनके मकान की ओर चली। पता उसने पहले ही अपने साथ की औरतों से पूछ लिया था। वह दिल में सोचती जाती थी—मैं उनसे कैसे मिलूंगी, उनसे क्या कहूंगी, उन्हें किन शब्दों में समझाऊंगी। इन्हीं विचारों में डूबी हुई वह इब्राहिम अली के घर पर पहुंच गयी। मकान एक गली में था, साफ-सुथरा; लेकिन द्वार पर हसरत बरस रही थी। उसने धड़कते हुए हृदय से अंदर कदम रखा। सामने बरामदे में एक खाट पर वह वृद्धा बैठी हुई थी, जिसके पति ने आज स्वाधीनता की वेदी पर अपना बलिदान दिया था। उसके सामने सादे कपड़े पहने एक युवक खड़ा, आंखों में आंसू भरे वृद्धा से बातें कर रहा था। मिट्ठन उस युवक को देख कर चौंक पड़ी—वह बीरबल सिंह थे।

उसने क्रोधमय आश्चर्य से पूछा—तुम यहां कैसे आये?

बीरबल सिंह ने कहा—उसी तरह जैसे तुम आयीं। अपने अपराध क्षमा कराने आया हूं!

मिट्ठन के गोरे मुखड़े पर आज गर्व, उल्लास और प्रेम की जो उज्ज्वल विभूति नजर आयी, वह अकथनीय थी! ऐसा जान पड़ा, मानो उसके जन्म-जन्मांतर के क्लेश मिट गये हैं, वह चिंता और माया के बंधनों से मुक्त हो गयी है।

●●●

पंच-परमेश्वर

जुम्मन शेख और अलगू चौधरी में गाढ़ी मित्रता थी। साझे में खेती होती थी। कुछ लेन-देन में भी साझा था। एक को दूसरे पर अटल विश्वास था। जुम्मन जब हज करने गये थे, तब अपना घर अलगू को सौंप गये थे। अलगू जब कभी बाहर जाते, तो जुम्मन पर अपना घर छोड़ देते थे। उनमें न खान-पान का व्यवहार था, न धर्म का नाता, केवल विचार मिलते थे। मित्रता का मूलमंत्र भी यही है।

इस मित्रता का जन्म उसी समय हुआ, जब दोनों मित्र बालक ही थे; और जुम्मन के पूज्य पिता, जुमराती, उन्हें शिक्षा प्रदान करते थे। अलगू ने गुरु जी की बहुत सेवा की थी, खूब रकाबियां मांजी, खूब प्याले धोये। उनका हुक्का एक क्षण के लिए भी विश्राम न लेने पाता था, क्योंकि प्रत्येक चिलम अलगू को आध घंटे तक किताबों से अलग कर देती थी। अलगू के पिता पुराने विचारों के मनुष्य थे। उन्हें शिक्षा की अपेक्षा गुरु की सेवा-सुश्रूषा पर अधिक विश्वास था। वह कहते थे कि विद्या पढ़ने से नहीं आती; जो कुछ होता है, गुरु के आशीर्वाद से। बस, गुरु जी की कृपा-दृष्टि चाहिए। अतएव यदि अलगू पर जुमराती शेख के आशीर्वाद अथवा सत्संग का कुछ फल न हुआ, तो यह मान कर संतोष कर लेगा कि विद्योपार्जन में मैंने यथाशक्ति कोई बात उठा नहीं रखी, विद्या उसके भाग्य ही में न थी, तो कैसे आती?

मगर जुमराती शेख स्वयं आशीर्वाद के कायल न थे। उन्हें अपने सोटे पर अधिक भरोसा था और उसी सोटे के प्रताप से आज आस-पास के गांवों में जुम्मन की पूजा होती थी। उनके लिखे हुए रेहननामे

या बैनामे पर कचहरी का मुहर्रिर भी कलम न उठा सकता था। हल्के का डाकिया, कांस्टेबिल और तहसील का चपरासी—सब उनकी कृपा की आकांक्षा रखते थे। अतएव अलगू का मान उनके धन के कारण था, तो जुम्मन शेख अपनी अनमोल विद्या से ही सबके आदरपात्र बने थे।

◻◻

जुम्मन शेख की एक बूढ़ी खाला (मौसी) थी। उसके पास कुछ थोड़ी-सी मिल्कियत थी; परन्तु उसके निकट संबंधियों में कोई न था। जुम्मन ने लम्बे-चौड़े वादे करके वह मिल्कियत अपने नाम लिखवा ली थी। जब तक दानपत्र की रजिस्ट्री न हुई थी, तब तक खालाजान का खूब आदर-सत्कार किया गया। उन्हें खूब स्वादिष्ट पदार्थ खिलाये गये। हलवे-पुलाव की वर्षा-सी की गयी; पर रजिस्ट्री की मोहर ने इन खातिरदारियों पर भी मानो मुहर लगा दी। जुम्मन की पत्नी करीमन रोटियों के साथ कड़वी बातों के कुछ तेज, तीखे सालन भी देने लगी। जुम्मन शेख भी निठुर हो गये। अब बेचारी खालाजान को प्रायः नित्य ही ऐसी बातें सुननी पड़ती थीं।

बुढ़िया न जाने कब तक जियेगी। दो-तीन बीघे ऊसर क्या दे दिया, मानो मोल ले लिया है! बघारी दाल के बिना रोटियां नहीं उतरतीं! जितना रुपया इसके पेट में झोंक चुके, उतने से तो अब तक गांव मोल ले लेते।

कुछ दिन खालाजान ने सुना और सहा; पर जब न सहा गया तब जुम्मन से शिकायत की। जुम्मन ने स्थानीय कर्मचारी—गृहस्वामी—के प्रबंध में दखल देना उचित न समझा। कुछ दिन तक और यों ही रो-धोकर काम चलता रहा। अंत में एक दिन खाला ने जुम्मन से कहा—बेटा! तुम्हारे साथ मेरा निर्वाह न होगा। तुम मुझे रुपये दे दिया करो, मैं अपना पका-खा लूंगी।

जुम्मन ने धृष्टता के साथ उत्तर दिया—रुपये क्या यहां फलते हैं?

खाला ने नम्रता से कहा—मुझे कुछ रुखा-सूखा चाहिए भी कि नहीं?

जुम्मन ने गम्भीर स्वर से जवाब दिया—तो कोई यह थोड़े ही समझा था कि तुम मौत से लड़ कर आयी हो?

खाला बिगड़ गयीं, उन्होंने पंचायत करने की धमकी दी। जुम्मन हंसे, जिस तरह कोई शिकारी हिरन को जाल की तरफ आते देखकर मन ही मन हंसता है। वह बोले— हां, जरूर पंचायत करो। फैसला हो जाय। मुझे भी यह रात-दिन की खटखट पसंद नहीं।

पंचायत में किसकी जीत होगी, इस विषय में जुम्मन को कुछ भी संदेह न था। आस-पास के गांवों में ऐसा कौन था, जो उसके अनुग्रहों का ऋणी न हो; ऐसा कौन था, जो उसको शत्रु बनाने का साहस कर सके? किसमें इतना बल था, जो उसका सामना कर सके? आसमान के फरिश्ते तो पंचायत करने आवेंगे ही नहीं।

❑❑

इसके बाद कई दिन तक बूढ़ी खाला हाथ में एक लकड़ी लिये आस-पास के गांवों में दौड़ती रही। कमर झुक कर कमान हो गयी थी। एक-एक पग चलना दूभर था; मगर बात आ पड़ी थी। उसका निर्णय करना जरूरी था।

बिरला ही कोई भला आदमी होगा, जिसके सामने बुढ़िया ने दु:ख के आंसू न बहाये हों। किसी ने तो यों ही ऊपरी मन से हूं-हां करके टाल दिया और किसी ने इस अन्याय पर जमाने को गालियां दीं! कहा—कब्र में पांव लटके हुए हैं, आज मरे, कल दूसरा दिन, पर हवस नहीं मानती। अब तुम्हें क्या चाहिए? रोटी खाओ और अल्लाह का नाम लो। तुम्हें अब खेती-बारी से क्या काम है? कुछ ऐसे सज्जन भी थे, जिन्हें हास्य-रस के रसास्वादन का अच्छा अवसर मिला। झुकी हुई कमर, पोपला मुंह, सन के-से बाल इतनी सामग्री एकत्र हों, तब हंसी क्यों न आवे? ऐसे न्यायप्रिय, दयालु, दीन-वत्सल पुरुष बहुत कम थे, जिन्होंने उस अबला के दुखड़े को गौर से सुना हो और

उसको सांत्वना दी हो। चारों ओर से घूम-घाम कर बेचारी अलगू चौधरी के पास आयी। लाठी पटक दी और दम लेकर बोली—बेटा, तुम भी दम-भर के लिए मेरी पंचायत में चले आना।

अलगू—मुझे बुला कर क्या करोगी? कई गांव के आदमी तो आवेंगे ही?

खाला—अपनी विपद तो सबके आगे रो आयी। अब आने न आने का अख्तियार उनको है।

अलगू—यों आने को आ जाऊंगा; मगर पंचायत में मुंह न खोलूंगा।

खाला—क्यों बेटा?

अलगू—अब इसका क्या जवाब दूं? अपनी खुशी। जुम्मन मेरा पुराना मित्र है। उससे बिगाड़ नहीं कर सकता।

खाला—बेटा, क्या बिगाड़ के डर से ईमान की बात न कहोगे?

हमारे सोये हुए धर्म-ज्ञान की सारी सम्पत्ति लुट जाय, तो उसे खबर नहीं होती, परन्तु ललकार सुन कर वह सचेत हो जाता है। फिर उसे कोई जीत नहीं सकता। अलगू इस सवाल का कोई उत्तर न दे सका, पर उसके हृदय में ये शब्द गूंज रहे थे—

क्या बिगाड़ के डर से ईमान की बात न कहोगे?

❏❏

संध्या समय एक पेड़ के नीचे पंचायत बैठी। शेख जुम्मन ने पहले से ही फर्श बिछा रखा था। उन्होंने पान, इलायची, हुक्के-तम्बाकू आदि का प्रबन्ध भी किया था। हां, वह स्वयं अलबत्ता अलगू चौधरी के साथ जरा दूर पर बैठे हुए थे। जब पंचायत में कोई आ जाता था, तब दबे हुए सलाम से उसका स्वागत करते थे। जब सूर्य अस्त हो गया और चिड़ियों की कलरवयुक्त पंचायत पेड़ों पर बैठी, तब यहां भी पंचायत शुरू हुई। फर्श की एक-एक अंगुल जमीन भर गयी; पर अधिकांश दर्शक ही थे। निमंत्रित महाशयों में से केवल वे ही लोग पधारे थे, जिन्हें जुम्मन से अपनी कुछ कसर निकालनी थी। एक कोने में आग सुलग रही थी। नाई ताबड़तोड़

चिलम भर रहा था। यह निर्णय करना असम्भव था कि सुलगते हुए उपलों से अधिक धुआं निकलता था या चिलम के दमों से। लड़के इधर-उधर दौड़ रहे थे। कोई आपस में गाली-गलौज करते और कोई रोते थे। चारों तरफ कोलाहल मच रहा था। गांव के कुत्ते इस जमाव को भोज समझ कर झुंड के झुंड जमा हो गये थे।

पंच लोग बैठ गये, तो बूढ़ी खाला ने उनसे विनती की—

'पंचों, आज तीन साल हुए, मैंने अपनी सारी जायदाद अपने भानजे जुम्मन के नाम लिख दी थी। इसे आप लोग जानते ही होंगे। जुम्मन ने मुझे ता-हयात रोटी-कपड़ा देना कबूल किया। साल-भर तो मैंने इसके साथ रो-धोकर काटा। पर अब रात-दिन का रोना नहीं सहा जाता। मुझे न पेट की रोटी मिलती है न तन का कपड़ा। बेकस बेवा हूं। कचहरी दरबार नहीं कर सकती। तुम्हारे सिवा और किसको अपना दु:ख सुनाऊं? तुम लोग जो राह निकाल दो, उसी राह पर चलूं। अगर मुझमें कोई ऐब देखो, तो मेरे मुंह पर थप्पड़ मारो। जुम्मन में बुराई देखो, तो उसे समझाओ, क्यों एक बेकस की आह लेता है! मैं पंचों का हुक्म सिर-माथे पर चढ़ाऊंगी।'

रामधन मिश्र, जिनके कई असामियों को जुम्मन ने अपने गांव में बसा लिया था, बोले—जुम्मन मियां, किसे पंच बदते हो? अभी से इसका निपटारा कर लो। फिर जो कुछ पंच कहेंगे, वही मानना पड़ेगा।

जुम्मन को इस समय सदस्यों में विशेषकर वे ही लोग दीख पड़े, जिनसे किसी न किसी कारण उनका वैमनस्य था। जुम्मन बोले— पंचों का हुक्म अल्लाह का हुक्म है। खालाजान जिसे चाहें, उसे बदें। मुझे कोई उज्र नहीं।

खाला ने चिल्ला कर कहा—अरे अल्लाह के बन्दे! पंचों का नाम क्यों नहीं बता देता? कुछ मुझे भी तो मालूम हो।

जुम्मन ने क्रोध से कहा—अब इस वक्त मेरा मुंह न खुलवाओ। तुम्हारी बन पड़ी है, जिसे चाहो, पंच बदो।

खालाजान जुम्मन के आक्षेप को समझ गयीं, वह बोलीं—बेटा, खुद से डरो। पंच न किसी के दोस्त होते हैं, न किसी के दुश्मन, कैसी बात करते हो! और तुम्हारा किसी पर विश्वास न हो, तो जाने दो; अलगू चौधरी को तो मानते हो? लो, मैं उन्हीं को सरपंच बदती हूं।

जुम्मन शेख आनंद से फूल उठे, परंतु भावों को छिपा कर बोले—अलगू ही सही, मेरे लिए जैसे रामधन वैसे अलगू।

अलगू इस झमेले में फंसना नहीं चहते थे। वे कन्नी काटने लगे। बोले—खाला, तुम जानती हो कि मेरी जुम्मन से गाढ़ी दोस्ती है।

खाला ने गम्भीर स्वर में कहा—बेटा, दोस्ती के लिए कोई अपना ईमान नहीं बेचता। पंच के दिल में खुदा बसता है। पंचों के मुंह से जो बात निकलती है, वह खुदा की तरफ से निकलती है।

अलगू चौधरी सरपंच हुए। रामधन मिश्र और जुम्मन के दूसरे विरोधियों ने बुढ़िया को मन में बहुत कोसा।

अलगू चौधरी बोले—शेख जुम्मन! हम और तुम पुराने दोस्त हैं! जब काम पड़ा, तुमने हमारी मदद की है और हम भी जो कुछ बन पड़ा, तुम्हारी सेवा करते रहे हैं; मगर इस समय तुम और बूढ़ी खाला, दोनों हमारी निगाह में बराबर हो। तुमको पंचों से जो कुछ अर्ज करनी हो, करो।

जुम्मन को पूरा विश्वास था कि अब बाजी मेरी है। अलगू यह सब दिखावे की बातें कर रहा है। अतएव शांतचित्त होकर बोले—पंचों, तीन साल हुए खालाजान ने अपनी जायदाद मेरे नाम हिब्बा कर दी थी। मैंने उन्हें ता-हयात खाना-कपड़ा देना कबूल किया था। खुदा गवा है, आज तक मैंने खालाजन को कोई तकलीफ नहीं दी। मैं उन्हें अपनी मां के समान समझता हूं। उनकी खिदमत करना मेरा फर्ज है; मगर औरतों में जरा अनबन रहती है, इसमें मेरा क्या बस है? खालाजान मुझसे माहवार खर्च अलग मांगती हैं। जायदाद जितनी है; वह पंचों से छिपी नहीं। उससे इतना मुनाफा नहीं होता है कि माहवार खर्च दे सकूं। इसके अलावा हिब्बानामे में माहवार खर्च का कोई

जिक्र नहीं। नहीं तो मैं भूल कर भी इस झमेले में न पड़ता। बस, मुझे यही कहना है। आइंदा पंचों को अख्तियार है, जो फैसला चाहें, करें।

अलगू चौधरी को हमेशा कचहरी से काम पड़ता था। अतएव वह पूरा कानूनी आदमी था। उसने जुम्मन से जिरह शुरू की। एक-एक प्रश्न जुम्मन के हृदय पर हथौड़े की चोट की तरह पड़ता था। रामधन मिश्र इन प्रश्नों पर मुग्ध हुए जाते थे। जुम्मन चकित थे कि अलगू को क्या हो गया। अभी यह अलगू मेरे साथ बैठा हुआ कैसी-कैसी बातें कर रहा था! इतनी ही देर में ऐसी कायापलट हो गयी कि मेरी जड़ खोदने पर तुला हुआ है। न मालूम कब की कसर यह निकाल रहा है? क्या इतने दिनों की दोस्ती कुछ भी काम न आवेगी?

जुम्मन शेख तो इसी संकल्प-विकल्प में पड़े हुए थे कि इतने में अलगू ने फैसला सुनाया—जुम्मन शेख! पंचों ने इस मामले पर विचार किया। उन्हें यह नीति संगत मालूम होता है कि खालाजान को माहवार खर्च दिया जाय। हमारा विचार है कि खाला की जायदाद से इतना मुनाफा अवश्य होता है कि माहवार खर्च दिया जा सके। बस, यही हमारा फैसला है। अगर जुम्मन को खर्च देना मंजूर न हो, तो हिब्बानामा रद्द समझा जाये।

यह फैसला सुनते ही जुम्मन सन्नाटे में आ गये। जो अपना मित्र हो, वह शत्रु का व्यवहार करे और गले पर छुरी फेरे, इसे समय की हेर-फेर के सिवा और क्या कहें? जिस पर पूरा भरोसा था, उसने समय पड़ने पर धोखा दिया। ऐसे ही अवसरों पर झूठे-सच्चे मित्रों की परीक्षा की जाती है। यही कलियुग की दोस्ती है। अगर लोग ऐसे कपटी-धोखेबाज न होते, तो देश में आपत्तियों का प्रकोप क्यों होता? यह हैजा-प्लेग आदि व्याधियां दुष्कर्मों के ही दंड हैं।

मगर रामधन मिश्र और अन्य पंच अलगू चौधरी की इस नीति-परायणता की प्रशंसा जी खोलकर कर रहे थे। वह कहते थे—इसका नाम पंचायत है! दूध का दूध और पानी का पानी कर दिया। दोस्ती, दोस्ती की जगह है, किन्तु धर्म का पालन करना मुख्य है। ऐसे ही

सत्यवादियों के बल पर पृथ्वी ठहरी है, नहीं तो वह कब की रसातल को चली जाती।

इस फैसले ने अलगू और जुम्मन की दोस्ती की जड़ हिला दी। अब वे साथ-साथ बातें करते नहीं दिखायी देते। इतनी पुरानी मित्रता-रूपी वृक्ष सत्य का एक झोंका भी न सह सकी। सचमुच यह बालू की ही जमीन खड़ा था।

उनमें अब शिष्टाचार का अधिक व्यवहार होने लगा। एक-दूसरे की आवभगत ज्यादा करने लगे। वे मिलते-जुलते थे, मगर उसी तरह जैसे तलवार से ढाल मिलती है।

जुम्मन के चित्त में मित्र की कुटिलता आठों पहर खटका करती थी। उसे हर घड़ी यह चिंता रहती थी कि किसी तरह बदला लेने का अवसर मिले।

❐❐

अच्छे कामों की सिद्धि में बड़ी देर लगती है; पर बुरे कामों की सिद्धि में यह बात नहीं होती; जुम्मन को भी बदला लेने का अवसर जल्द ही मिल गया। पिछले साल अलगू चौधरी बटेसर से बैलों की एक बहुत अच्छी गोई मोल लाये थे। बैल पछाहीं जाति के सुंदर, बड़े-बड़े सींगों वाले थे। महीनों तक आस-पास के गांव के लोग दर्शन करते रहे। दैवयोग से जुम्मन की पंचायत के एक महीने के बाद इस जोड़ी का एक बैल मर गया। जुम्मन ने दोस्तों से कहा—यह दगाबाजी की सजा है। इन्सान सब्र भले ही कर जाय, पर खुदा नेक-बद सब देखता है। अलगू को संदेह हुआ कि जुम्मन ने बैल को विष दिला दिया है। चौधराइन ने भी जुम्मन पर ही इस दुर्घटना का दोषारोपण किया। उसने कहा—जुम्मन ने कुछ कर-करा दिया है। चौधराइन और करीमन में इस विषय पर एक दिन खूब ही वाद-विवाद हुआ। दोनों देवियों ने शब्द-बाहुल्य की नदी बहा दी। व्यंग्य, वक्रोक्ति, अन्योक्ति और उपमा आदि अलंकारों में बात हुई। जुम्मन ने किसी तरह शांति स्थापित की। उन्होंने अपनी पत्नी को डांट-डपट

कर समझा दिया। वह उसे रणभूमि से हटा भी ले गये। उधर अलगू चौधरी ने समझाने-बुझाने का काम अपने तर्कपूर्ण सोटे से लिया।

अब अकेला बैल किस काम का? उसका जोड़ बहुत ढूंढ़ा गया, पर न मिला। निदान यह सलाह ठहरी कि इसे बेच डालना चाहिए। गांव में एक समझू साहु थे, वह इक्का-गाड़ी हांकते थे। गांव से गुड़-घी लाद कर मंडी ले जाते, मंडी से तेल, नमक भर लाते और गांव में बेचते। इस बैल पर उनका मन लहराया। उन्होंने सोचा, यह बैल हाथ लगे तो दिन-भर में बेखटके तीन खेप हों। आजकल तो एक ही खेप में लाले पड़े रहते हैं। बैल देखा, गाड़ी में दौड़ाया, बाल-भौंरी की पहचान करायी, मोल-तोल किया और उसे लाकर द्वार पर बांध ही दिया। एक महीने में दाम चुकाने का वादा ठहरा। चौधरी को भी गरज थी ही, घाटे की परवा न की।

समझू साहु ने नया बैल पाया, तो लगे उसे रगेदने। वह दिन में तीन-तीन, चार-चार खेपें करने लगे। न चारे की फिक्र थी, न पानी की बस खेपों से काम था। मंडी ले गये, वहां कुछ सूखा भूसा सामने डाल दिया। बेचारा जानवर अभी दम भी न लेने पाया था कि फिर जोत दिया। अलगू चौधरी के घर तो चैन की बंशी बजती थी। बैलराम छठे-छमाहें कभी बहली में जोते जाते थे। खूब उछलते-कूदते और कोसों तक दौड़ते चले जाते थे। वहां बैलराम का रातिब था, साफ पानी, दली हुई अरहर की दाल और भूसे के साथ खली और यही नहीं, कभी-कभी घी का स्वाद भी चखने को मिल जाता था। शाम-सवेरे एक आदमी खरहरे करता, पोंछता और सहलाता था। कहां वह सुख-चैन, कहां यह आठों पहर की खपत! महीने-भर ही में वह पिस-सा गया। इक्के का जुआ देखते ही उसका लहू सूख जाता था। एक-एक पग चलना दूभर था। हड्डियां निकल आयी थीं; पर था वह पानीदार, मार की बरदाश्त न थी।

एक दिन चौथी खेप में साहु जी ने दूना बोझ लादा। दिन-भर का थका जानवर, पैर न उठते थे। पर साहु जी कोड़े फटकारने लगे। बस,

फिर क्या था, बैल कलेजा तोड़ कर चला। कुछ दूर दौड़ा और चाहा कि जरा दम ले लूं; पर साहु जी को जल्द पहुंचने की फिक्र थी; अतएव उन्होंने कई कोड़े बड़ी निर्दयता से फटकारे। बैल ने एक बार फिर जोर लगाया; पर अबकी बार शक्ति ने जवाब दे दिया। वह धरती पर गिर पड़ा और ऐसा गिरा कि फिर न उठा। साहु जी ने बहुत पीटा, टांग पकड़ कर खींचा, नथनों में लकड़ी ठूंस दी पर कहीं मृतक भी उठ सकता है? तब साहु जी को कुछ शक हुआ। उन्होंने बैल को गौर से देखा, खोल कर अलग किया और सोचने लगे कि गाड़ी कैसे घर पहुंचे। बहुत चीखे-चिल्लाये; पर देहात का रास्ता बच्चों की आंख की तरह सांझ होते ही बंद हो जाता है। कोई नजर न आया। आस-पास कोई गांव भी न था। मारे क्रोध के उन्होंने मरे हुए बैल पर और दुर्रे लगाये और कोसने लगे— अभागे! तुझे मरना ही था, तो घर पहुंच कर मरता! ससुरा बीच रास्ते ही में मर रहा! अब गाड़ी कौन खींचे? इस तरह साहु जी खूब जले-भुने। कई बोरे गुड़ और कई पीपे घी उन्होंने बेचे थे, दो-ढाई सौ रुपये कमर में बंधे थे। इसके सिवा गाड़ी पर कई बोरे नमक के थे, अतएव छोड़ कर जा भी न सकते थे। लाचार बेचारे गाड़ी पर ही लेट गये। वहीं रतजगा करने की ठान ली। चिलम पी, गाया। फिर हुक्का पिया। इस तरह साहु जी आधी रात तक नींद बहलाते रहे। अपनी जान में तो वह जागते ही रहे; पर पौ फटते ही जो नींद टूटी और कमर पर हाथ रखा, तो थैली गायब! घबरा कर इधर-उधर देखा, तो कई कनस्तर तेल भी नदारत! अफसोस में बेचारे ने सिर पीट लिया और पछाड़ खाने लगा। प्रातःकाल रोते-बिलखते घर पहुंचे। सहुआइन ने जब यह बुरी सुनावनी सुनी, तब पहले तो रोयी, फिर अलगू चौधरी को गालियां देने लगी—निगोड़े ने ऐसा कुलच्छनी बैल दिया कि जन्म-भर की कमाई लुट गयी।

इस घटना को हुए कई महीने बीत गये। अलगू जब अपने बैल का दाम मांगते तब साहु और सहुआइन, दोनों ही झल्लाये हुए कुत्ते की तरह चढ़ बैठते और अंड-बंड बकने लगते—वाह! यहां तो सारे

जन्म की कमाई लुट गयी, सत्यानाश हो गया, इन्हें दामों की पड़ी है। मुर्दा बैल दिया था, उस पर दाम मांगने चले हैं! आंखों में धूल झोंक दी, सत्यानाशी बैल गले बांध दिया, हमें निरा पोंगा ही समझ लिया है! हम भी बनिये के बच्चे हैं, ऐसे बुद्धू कहीं और होंगे। पहले जाकर किसी गड़हे में मुंह धो आओ, तब दाम लेना। न जी मानता हो, तो हमारा बैल खोल ले जाओ। महीना भर के बदले दो महीना जोत लो। और क्या लोगे?

चौधरी के अशुभचिंतकों की कमी न थी। ऐसे अवसरों पर वे भी एकत्र हो जाते और साहु जी के बर्राने की पुष्टि करते। परन्तु डेढ़ सौ रुपये से इस तरह हाथ धो लेना आसान न था। एक बार वह भी गरम पड़े। साहु जी बिगड़ कर लाठी ढूंढने घर चले गये। अब सहुआइन ने मैदान लिया। प्रश्नोत्तर होते-होते हाथापाई की नौबत आ पहुंची। सहुआइन ने घर में घुस कर किवाड़ बंद कर लिये। शोरगुल सुन कर गांव के भलेमानस जमा हो गये। उन्होंने दोनों को समझाया। साहु जी को दिलासा देकर घर से निकाला। वह परामर्श देने लगे कि इस तरह से काम न चलेगा। पंचायत कर लो। जो कुछ तय हो जाय, उसे स्वीकार कर लो। साहु जी राजी हो गये। अलगू ने भी हामी भर ली।

❑❑

पंचायत की तैयारियां होने लगीं। दोनों पक्षों ने अपने-अपने दल बनाने शुरू किये। इसके बाद तीसरे दिन उसी वृक्ष के नीचे पंचायत बैठी। वही संध्या का समय था। खेतों में कौए पंचायत कर रहे थे। विवादग्रस्त विषय था यह कि मटर की फलियों पर उनका कोई स्वत्व है या नहीं, और जब तक यह प्रश्न हल न हो जाय, तब तक वे रखवाले की पुकार पर अपनी अप्रसन्नता प्रकट करना आवश्यक समझते थे। पेड़ की डालियों पर बैठी शुक-मंडली में यह प्रश्न छिड़ा हुआ था कि मनुष्यों को उन्हें बेमुरौवत कहने का क्या अधिकार है, जब उन्हें स्वयं अपने मित्रों से दगा करने में भी संकोच नहीं होता?

पंचायत बैठ गयी, तो रामधन मिश्र ने कहा—अब देरी क्या है? पंचों का चुनाव हो जाना चाहिए। बोलो चौधरी, किस-किस को पंच बदते हो।

अलगू ने दीन भाव से कहा—समझू साहु ही चुन लें।

समझू खड़े हुए और कड़क कर बोले—मेरी ओर से जुम्मन शेख।

जुम्मन का नाम सुनते ही अलगू चौधरी का कलेजा धक्-धक् करने लगा, मानो किसी ने अचानक थप्पड़ मार दिया हो। रामधन अलगू के मित्र थे। वह बात को ताड़ गये। पूछा—क्यों चौधरी तुम्हें कोई उज्र तो नहीं।

चौधरी ने निराश होकर कहा—नहीं, मुझे क्या उज्र होगा?

❑❑

अपने उत्तरदायित्व का ज्ञान बहुधा हमारे संकुचित व्यवहारों का सुधारक होता है। जब हम राह भूल कर भटकने लगते हैं तब यही ज्ञान हमारा विश्वसनीय पथ-प्रदर्शक बन जाता है।

पत्र-संपादक अपनी शांति कुटी में बैठा हुआ कितनी धृष्टता और स्वतंत्रता के साथ अपनी प्रबल लेखनी से मंत्रिमंडल पर आक्रमण करता है; परंतु ऐसे अवसर आते हैं, जब वह स्वयं मंत्रिमंडल में सम्मिलित होता है। मंडल के भवन में पग धरते ही उसकी लेखनी कितनी मर्मज्ञ, कितनी विचारशील, कितनी न्याय-परायण होती है। इसका कारण उत्तरदायित्व का ज्ञान है। नवयुवक युवावस्था में कितना उद्दंड रहता है। माता-पिता उसकी ओर से कितने चिंतित रहते हैं! वे उसे कुल-कलंक समझते हैं; परन्तु थोड़े ही समय में परिवार का बोझ सिर पर पड़ते ही वह अव्यवस्थित-चित्त उन्मत्त युवक कितना धैर्यशील, कैसा शांतचित्त हो जाता है, यह भी उत्तरदायित्व के ज्ञान का फल है।

जुम्मन शेख के मन में भी सरपंच का उच्च स्थान ग्रहण करते ही अपनी जिम्मेदारी का भाव पैदा हुआ। उसने सोचा, मैं इस वक्त न्याय और धर्म के सर्वोच्च आसन पर बैठा हूं। मेरे मुंह से इस समय जो कुछ निकलेगा, वह देववाणी के सदृश है—और देववाणी में मेरे मनोविकारों

का कदापि समावेश न होना चाहिए। मुझे सत्य से जौ भर भी टलना उचित नहीं!

पंचों ने दोनों पक्षों से सवाल-जवाब करने शुरू किये। बहुत देर तक दोनों दल अपने-अपने पक्ष का समर्थन करते थे। इस विषय में तो सब सहमत थे कि समझू को बैल का मूल्य देना चाहिए। परंतु दो महाशय इस कारण रियायत करना चाहते थे कि बैल के मर जाने से समझू को हानि हुई। इसके प्रतिकूल दो सभ्य मूल के अतिरिक्त समझू को दंड भी देना चाहते थे, जिससे फिर किसी को पशुओं के साथ ऐसी निर्दयता करने का साहस न हो। अंत में जुम्मन ने फैसला सुनाया—

अगलू चौधरी और समझू साहु! पंचों ने तुम्हारे मामले पर अच्छी तरह विचार किया। समझू को उचित है कि बैल का पूरा दाम दें। जिस वक्त उन्होंने बैल लिया, उसे कोई बीमारी न थी। अगर उसी समय दाम दे दिये जाते, तो आज समझू उसे फेर लेने का आग्रह न करते। बैल की मृत्यु केवल इस कारण हुई कि उससे बड़ा कठिन परिश्रम लिया गया और उसके दाने-चारे का कोई अच्छा प्रबंध न किया गया।

रामधन मिश्र बोले—समझू ने बैल को जान-बूझ कर मारा है, अतएव उससे दंड लेना चाहिए।

जुम्मन बोले—यह दूसरा सवाल है! हमको इससे कोई मतलब नहीं!

झगडू साहु ने कहा—समझू के साथ कुछ रियायत होनी चाहिए।

जुम्मन बोले—यह अलगू चौधरी की इच्छा पर निर्भर है। यह रियायत करें, तो उनकी भलमनसी।

अलगू चौधरी फूले न समाये। उठ खड़े हुए और जोर से बोले—पंच-परमेश्वर की जय!

इसके साथ ही चारों ओर से प्रतिध्वनि हुई—पंच-परमेश्वर की जय!

प्रत्येक मनुष्य जुम्मन की नीति को सराहता था—इसे कहते हैं न्याय! यह मनुष्य का काम नहीं, पंच में परमेश्वर वास करते हैं, यह उन्हीं की महिमा है। पंच के सामने खोटे को कौन खरा कह सकता है?

थोड़ी देर बाद जुम्मन अलगू के पास आये और उनके गले लिपट कर बोले—भैया, जब से तुमने मेरी पंचायत की तब से मैं तुम्हारा प्राण-घातक शत्रु बन गया था; पर आज मुझे ज्ञात हुआ कि पंच के पद पर बैठ कर न कोई किसी का दोस्त होता है, न दुश्मन। न्याय के सिवा उसे और कुछ नहीं सूझता। आज मुझे विश्वास हो गया कि पंच की जबान से खुदा बोलता है। अलगू रोने लगे। इस पानी से दोनों के दिलों का मैल धुल गया। मित्रता की मुरझायी हुई लता फिर हरी हो गयी।

●●●

Made in the USA
Columbia, SC
26 January 2021

31669529R00065